# BIBLIOTHÈQUE NATIONALE DE FRANCE
PARIS

DÉPARTEMENT DES IMPRIMÉS

LOUIS WUARIN

LE
CONTRIBUABLE

OU

COMMENT DÉFENDRE SA BOURSE

PARIS

ANCIENNE LIBRAIRIE GERMER BAILLIÈRE & Cie

FÉLIX ALCAN, ÉDITEUR

108, BOULEVARD SAINT-GERMAIN, 108

GENÈVE : C.-E. ALIOTH & Cie

1889

LE CONTRIBUABLE

LOUIS WUARIN

LE CONTRIBUABLE

OU

COMMENT DÉFENDRE SA BOURSE

PARIS

ANCIENNE LIBRAIRIE GERMER BAILLIÈRE & Cⁱᵉ

FÉLIX ALCAN, ÉDITEUR

108, BOULEVARD SAINT-GERMAIN, 108

GENÈVE : C.-E. ALIOTH & Cⁱᵉ

1889

IMPRIMERIE SUISSE
C.-E. Alioth
RUE DU RHONE, 22, GENÈVE

AVANT-PROPOS

Il était une fois à la tête de chaque province,
dans le vaste territoire de Pantopie, un géant
qui s'appelait tantôt le Maître, tantôt le Père,
tantôt Altesse, tantôt encore Majesté, et que
les habitants désignaient plus communément
entre eux sous le sobriquet de Mille-Bouches.
Il vivait grassement, avec les nombreuses
personnes de sa compagnie, dans de riches
domaines où il occupait le palais le plus somp-
tueux. Ce n'était que bals, festins, tournois su-
perbes, chasses, et parfois des fêtes en plein
air que le menu peuple pouvait regarder de
loin. Dans les grands jours il ceignait une cou-
ronne où brillaient, comme étoiles en la

nuit, des diamants de la plus belle eau. Autour de sa personne se déployaient une nuée de domestiques, dont les plus élancés, les plus droits, lui formaient une garde, et c'était à qui montrerait le plus d'empressement. Il avait aussi sous ses ordres des armées avec lesquelles il défendait la frontière ou allait attaquer ses voisins chez eux, ce qui entraînait souvent des guerres très prolongées.

Toutefois les habitants du pays montraient du mécontentement, parce qu'ils supportaient toute la dépense de Mille-Bouches et de son entourage. Ils devaient s'acharner à la peine pour nourrir ces magnifiques seigneurs qui, non seulement ne travaillaient pas, mais encore les méprisaient. On ravageait leurs champs à la chasse; on leur enlevait à la moisson les gerbes les plus fournies; on prenait leurs enfants pour en faire des soldats et, quand les guerres tournaient bien, on les leur renvoyait estropiés pour le reste de leurs jours. Quand elles tournaient mal, ils ne revenaient pas, et l'ennemi incendiait les villes et les villages, les châteaux et les cabanes.

Alors ils résolurent de se défendre contre les grandes gens qui les faisaient tant souffrir.

Ils ne trouvèrent rien autre chose qui pût changer leur sort que de s'emparer du géant Mille-Bouches, mais encore fallait-il exécuter ce plan. Ce n'était pas aisé parce qu'il était très fort et entouré d'une multitude d'hommes armés qui le défendraient jusqu'à la dernière goutte de leur sang. Mais ils ne se laissèrent pas arrêter par la peur. Ils étaient si malheureux que, quoi qu'il arrivât, ils ne pensaient pas pouvoir l'être davantage.

Or donc, en quelques provinces où Mille-Bouches s'était rendu particulièrement odieux, ils le tuèrent net, tout géant qu'il était. Ailleurs le voyant jouer des jambes, ils se frottèrent les mains et ne firent rien pour le retenir. En d'autres quartiers, ayant moins souffert, ils composèrent avec lui, le laissèrent en possession de son palais et consentirent même à lui servir une rente annuelle, mais à condition qu'il cessât dès lors de leur imposer sa loi.

Cependant il fallait quelqu'un pour prendre

en mains le gouvernement, défendre la contrée contre les voleurs qui sortaient un peu partout de leurs cachettes, et contre les voisins qui massaient des troupes et s'apprêtaient à envahir le pays.

Sur ces entrefaites, et avec un bonheur extrême, on vit sortir de terre un autre géant qui était la douceur, la gentillesse mêmes, et qui dit s'appeler Amicopopolo. Il fut bien enchanté de voir qu'on délogeait Mille-Bouches, et proposa de le remplacer, affirmant qu'il n'aurait jamais un si féroce appétit.

Et de fait, pendant quelque temps, tout marcha à souhait. Aussi bien ne devons-nous pas oublier de rapporter que les habitants de la contrée, rendus avisés par le souvenir des maux récents, lui avaient posé leurs conditions.

« Vous nous garderez, lui avaient-ils dit, contre les ambitieux du dehors qui trouveraient notre pays trop beau pour n'être pas à eux, et contre les gredins du dedans, tels qu'il s'en rencontre même dans les pays les plus civilisés.

« En outre, avaient-ils ajouté, vous nous ferez de meilleures routes que celles du géant Mille-Bouches qui allait le plus souvent à travers champs, des écoles pour apprendre aux jeunes générations à lire les hauts faits de leurs aïeux et à tenir exactement leurs comptes, des asiles et des hospices afin qu'on ne voie plus à l'avenir des orphelins manquant de pain ou des vieillards laissés à l'abandon.

« Tout cela, lui avait-on expliqué enfin, demandera de l'argent, et nous sommes disposés à vous en fournir, comme il est naturel. Mais nous ne paierons que les dépenses nécessaires, et à leur juste prix. Pas de folies, par conséquent. Vous nous ferez connaître chaque année ce qu'il vous faut pour vivre et veiller à nos intérêts. Vous régnerez donc en notre nom et en vous conformant à notre volonté. Vous ne serez ni notre Maître, ni notre Père, vous ne serez ni Altesse ni Majesté — nous n'en voulons plus — mais tout uniment notre gérant.

Amicopopolo s'était d'ailleurs soumis de la meilleure grâce du monde à ces différentes conditions, déclarant qu'elles lui agréaient de tout point, et qu'à la place des habitants il n'en aurait pas fait d'autres. Et il jura ses grands dieux qu'il les observerait dans la lettre et dans l'esprit.

Le contrat n'eut pas été plus tôt signé que, dans les diverses provinces qui avaient pris Amicopopolo pour gérer leurs intérêts, on s'occupa sans retard de lui assurer les ressources nécessaires. Seulement, les uns proposaient de les demander toutes à la terre, les autres disaient qu'il fallait frapper surtout le capital ; d'autres conseillaient de tondre les étrangers qui se livraient au négoce à l'intérieur du pays. Il y en avait encore qui conseillaient des patentes sur les entreprises industrielles et commerciales en soutenant qu'elles se répartiraient sur tout le monde et que personne ne s'en apercevrait, à moins, opinaient quelques-uns, que ce ne fût pour s'en féliciter, car elles seraient un excitant pour le travail national. Certains ultras, dans des camps opposés, conseillaient de sacrifier surtout.... les autres : les pauvres disaient les riches, les nobles disaient les roturiers. Et sur toutes ces questions s'enga-

geaient des discussions sans fin et des contro-
verses souvent très vives. Mais en attendant
une solution, il fut décidé que l'on se procu-
rerait de l'argent un peu par tous. les moyens.
Les habitants du moins étaient tranquilles.
Ils tenaient ou croyaient tenir la clef de leur
caisse et s'applaudissaient fort à la pensée qu'on
ne pourrait plus à l'avenir s'abattre sur leurs biens.

Mais ils se trompaient.

Partout, ou à peu près, Amicopopolo imita de
plus en plus ces prodigues qui jettent l'argent
par les fenêtres, afin de se persuader et de
persuader aux autres qu'ils en ont beaucoup.

Il se mit sur un grand pied. Il s'entoura
d'une nombreuse parenté qui vivait à son
crochet. Il prenait volontiers les gens qui venaient l'aduler, pour des patriotes qu'il faut
récompenser de leur zèle et qui, dans les heures critiques, sauraient mieux que d'autres défendre ses intérêts. Bref, il se permit des allures
qui étonnèrent chez un géant d'un caractère si
débonnaire, et quand venait le moment de régler les comptes, il se trouvait toujours court
d'argent.

Il eût pu, il est vrai, demander à ses bailleurs de fonds, des subsides un peu plus élevés, mais il craignait de les indisposer en recourant trop souvent à ce moyen ; se rappelant le sort de son prédécesseur, il aimait mieux se montrer plus discret et se contentait de faire des dettes.

Mais qu'on n'aille pas supposer qu'il éprouvât le moindre malaise à excéder ainsi ses revenus, ni qu'il en dormît moins bien. Absolument pas. Il partait du principe qu'il faut manger pour vivre, que quand on vit bien on mange beaucoup, et que ce qu'on ne paie pas à mesure on le doit, ce qui vaut mieux que de se mal porter ; d'autant plus que ce sont rarement ceux qui contractent des dettes qui les remboursent.

On comprendra pourtant que cette manière d'agir ne fit pas l'affaire des habitants du pays qui, en général, avaient des principes de conduite moins élastiques.

Ils remarquèrent, avec raison, que, le gérant gouvernant en leur nom, ses déficits retombaient à leur charge ; que le proverbe « qui casse les verres les paie » n'est pas toujours vrai et que, dans l'espèce, les générosités inconsidérées d'Amicopopolo, les services coûteux rendus à ses amis, les entreprises folles ou follement conduites qu'il disait lui avoir été imposées par son cahier des charges — pur subterfuge d'ailleurs — les grevaient abusivement. Ils disaient : « Nous avions cru commander, et nous ne faisons qu'obéir, on se moque de nous, c'est intolérable. »

Ce qui les exaspérait le plus fort, c'était d'abord le sentiment très clair que les gens qui faisaient danser leurs écus n'agissaient ainsi que parce qu'ils n'avaient pas eu la peine de les gagner. Ils ne se souvenaient pas d'avoir jamais autorisé qui que ce soit à venir plonger la main dans leur bourse particulière. Mais une dernière considération acheva de les mettre hors d'eux-mêmes.

Ils pensaient à leurs enfants, et se demandaient si, pour les beaux yeux d'Amicopopolo, ils laisseraient dilapider leur patrimoine et encombrer sans nécessité leur avenir de lourdes responsabilités. Ils voyaient les annuités payées à leur ruineux administrateur se grossir des intérêts de ses dettes.

Les charges devenaient de plus en plus lourdes. Combien de temps pourrait-on garder ce train de maison? Ne marchait-on pas à une débâcle? Eux-mêmes ne seraient probablement plus là, mais le gouffre financier témoignerait contre eux, et leurs descendants les traiteraient de pères insouciants ou stupides, et maudiraient leur nom.

Aussi, c'était comme un remords qui pesait sur leurs esprits. Et ils en vinrent à prendre en grippe leur intendant qui avait forfait à ses engagements. Ils auraient bien voulu pouvoir s'en débarrasser comme ils avaient fait de leurs anciens despotes, car le nouveau géant, sous des airs patelins, la bouche pleine de ces grands mots: patrie, liberté, souveraineté populaire, progrès et fraternité, ne cessait de fourrager sur leurs terres et de tirer sur eux des lettres de change.

Ni plaintes ni représentations n'y faisaient; il ne promettait de mieux aller que pour recommencer de plus belle. On ne pouvait s'y tromper: il était plus au service de ses passions et de ses vices, que de leurs intérêts. A leur grand déplaisir ils reconnurent qu'il leur coûtait cher, comme son prédécesseur de jadis, et ils changèrent son nom d'Amicopopolo en Ma-s'y-fia, ce qui, translaté de la langue de l'époque dans la française de ce temps-ci, donnerait: « Ne t'y fie qu'à moitié. »

Mais cela ne leur suffit pas et ils se concertèrent sur les moyens, puisqu'ils ne pouvaient se passer d'un gérant, de l'obliger du moins à exécuter leur volonté, et de l'empêcher de leur nuire.

Déjà du temps de Mille-Bouches, un brave bourgeois, appartenant à une contrée qui eut pour emblême tantôt la fleur de lis tantôt le coq, s'était écrié avec une admirable intelligence de la situation:

C'est à la nation qu'il appartient de gouverner l'Etat.

Ils reprirent cette parole lumineuse et en firent leur mot de ralliement dans la campagne entreprise en vue de la défense de leurs droits.

Là dessus....

Mais chut! Nos lecteurs voudront bien nous

excuser si nous interrompons notre récit au moment le plus dramatique. Ce qui nous oblige à tourner si court, c'est que notre livre renferme précisément la fin de l'histoire. Nous l'avons jugée d'un intérêt suffisant pour devoir être traitée à part et avec détail.

En vérité, nous nous sommes trouvé ici en présence de plusieurs relations, toutes les autorités ne racontant pas de la même manière les péripéties de la mémorable lutte entre le peuple et Ma-s'y-fia. Nous avons choisi de préférence celle qui nous a paru s'accorder le mieux avec le respect dû à la raison et à la dignité humaines.

PREMIÈRE PARTIE

LE MAL

I

Simple constatation : le train de maison de l'Etat devient de plus en plus onéreux.

Le bon roi d'Yvetot éprouverait probablement quelque surprise s'il revenait parmi nous.

> Lui-même à table et sans suppôt,
> Sur chaque muid levait un pot
> D'impôt.

Nous ne nous en tirons plus aujourd'hui à si bon marché. Le fisc, comme une pieuvre aux nombreux tentacules, promène partout ses suçoirs en quête de nouvelles prises ; ses besoins ne cessent de grandir, et ce qu'il dévore ne semble servir qu'à accroître son appétit.

Il serait certes fort commode d'avoir ici une loi mathémathique qui déterminât sans réplique la part de propriété que les pouvoirs publics **sont en** droit de réclamer à chacun. C'est ainsi **que les chau-**dières sont pourvues d'un manomètre qui indique le maximum de pression auquel on peut **porter la** vapeur, et force est bien **de s'arrêter** à la limite marquée. **La dé**passer serait courir, d'un cœur **léger,** au devant d'une catastrophe.

Mais, en économie sociale, il n'en va pas de même qu'en physique. Les molécules vivantes qui forment le grand corps collectif auquel nous ap-partenons, sont douées d'une extraordinaire élas-ticité. Elles peuvent être violentées longtemps sans éclater et, lorsqu'elles cèdent à une contrainte trop forte, elles ne donnent pas lieu à de ces explosions subites qui ouvrent les yeux aux plus aveugles. On peut donc excéder parfois à leur égard la me-sure des réquisitions permises, normales, sans pro-voquer de panique, ni se faire taxer de folie par tout le monde.

Et pourtant, là aussi, il y a des raisons, et des plus pressantes, qui commandent la mesure et la prudence.

S'il est une question dont on puisse dire qu'elle emprunte une importance exceptionnelle des cir-constances présentes, et cela, non pas dans tel ou tel pays en particulier, mais partout, c'est à coup sûr celle que nous abordons en ce moment. Le mouvement rapide qui emporte la plupart des

gouvernements dans la voie de dépenses inconsidérées aboutissant à une aggravation graduelle
des impôts, est un des désordres les plus dignes
de fixer l'attention. Il n'en est pas qui intéressent
plus directement les hommes d'État, les économistes, et, d'une manière générale, tous les citoyens qui répugnent à vivre au jour le jour, sans
souci du lendemain ni de la situation qu'ils préparent à ceux qui viendront après eux. Il n'en est
pas qui causent plus d'embarras aux pouvoirs
publics. Il n'en est pas où la marche du mal soit
plus alarmante et les moyens mis en œuvre pour
l'enrayer plus insuffisants. Il n'en est pas enfin où
l'on s'abandonne, tantôt avec plus de folle confiance, tantôt avec plus de coupable découragement au cours des choses, comme si l'avenir devait se préparer tout seul et s'avancer, riant et facile, au devant de nos souhaits ou si, livré à la fa-
talité des événements, il échappait tout entier à
notre action. Un simple particulier qui gérerait
sa maison comme maintes nations gèrent leurs finances ne trouverait pas grâce devant le tribunal
des honnêtes gens. L'État moderne repose sur la
souveraineté populaire et sur la propriété individuelle : or, la question de l'impôt mal résolue, c'est
la propriété individuelle atteinte en dépit de toutes les garanties constitutionnelles, menacée dans
son caractère sacré et rendue plus ou moins illu-

soire; c'est une des deux colonnes de l'organisation sociale actuelle qui s'ébranle.

Avant d'entrer dans le vif de notre sujet, commençons par bien marquer le but de cette étude
et par expliquer clairement le point de vue auquel
nous nous plaçons.

Il n'est presque pas de pays qui d'année en année n'ajoute aux charges publiques, quand même
ses ressources se développent dans une tout autre
proportion que ses dépenses. Voilà le fait bru-
tal, et nous nous demandons s'il souffre aucune
exception digne d'être mentionnée. Sa généralité
nous semble être telle que l'on pourrait se croire
en présence d'une loi de l'histoire. Les différences
ne portent guère que sur le degré d'intensité du
phénomène; nous convenons qu'elles ont leur importance et que l'on ne saurait confondre un mal
à l'état aigu avec un symptôme morbide qui n'en
est encore qu'au début, mais le fait n'en demeure
pas moins.

Rien ne serait plus aisé que d'apporter ici
des chiffres relevés dans la statistique des finances
publiques. Mais à quoi bon entreprendre cette démonstration? Personne ne nous la demande. Il ne
faut pas aller bien loin pour la rencontrer; il n'y a
qu'à ouvrir les yeux pour la trouver partout. Que
chacun de nos lecteurs regarde ce qui se passe
autour de lui, dans le pays qu'il habite. Nombre

de personnes, sans avoir à remonter très haut et peut-être en consultant les souvenirs d'un petit nombre d'années, nous diront qu'elles ont vu les cotes d'impôt doubler, et si nous leur demandons pourquoi, si c'est à la suite de guerres ou de travaux publics exceptionnels, auquel cas tout s'expliquerait naturellement, elles reconnaîtront qu'en général le mal provient surtout de l'entraînement aux dépenses, d'une administration qui ne se surveille pas assez ou qui, même en se surveillant, se voit débordée et dans l'impossibilité de résister.

Pour arriver à une estimation exacte du phénomène que nous signalons, il faut avoir présent à l'esprit que l'étiage des dépenses publiques n'est pas donné seulement par les comptes du pouvoir central et que, à côté du budget général, se placent d'autres budgets officiels qui font aussi appel à la bourse de tous. Cette remarque est importante, car, parfois, à ne considérer que la situation financière de la nation proprement dite, on pourrait être conduit à des conclusions singulièrement erronées ([1]). Montrons cela par un exemple.

([1]) Dans son récent état des *Dettes publiques européennes* (Guillaumin, 1887), M. Alfred Neymarck conclut ainsi : « Dans cette longue énumération de chiffres, ce qui frappe tout d'abord l'esprit, c'est l'augmentation considérable de la dette publique des Etats européens depuis 1870. Cette dette s'élevait à environ 75 milliards en 1870 : elle atteint 115 milliards en 1886. L'augmentation n'est pas moindre de 40 milliards...... A l'exception de

On sait que le gouvernement fédéral de Washington procède actuellement avec une vigueur sans exemple à l'extinction de la dette nationale dont plus de deux milliards et demi de francs ont été amortis en l'espace de dix ans. Encore une autre décade et le pays ne sera pas loin d'être entièrement libéré. Tant s'en faut, d'ailleurs, que les énormes annuités requises pour le service de la dette absorbent toutes les ressources; bien au contraire, les revenus de l'État, grâce à une politique douanière qu'il faut, du reste, considérer dans l'ensemble comme funeste aux intérêts du pays, et à d'autres circonstances propices, ne cessent de s'accroître, si bien qu'aujourd'hui leur flot montant devient un sérieux obstacle à une bonne administration. Le fait est assez rare pour être noté, car jamais peut-être, depuis que le monde existe, on n'avait vu un gouvernement se débattre contre l'embarras des richesses et chercher vainement

l'Angleterre qui, par suite de divers remboursements d'annuités, a pu diminuer sa dette de 1,350 millions; à l'exception du Danemark qui, par suite de conversions heureusement effectuées, a pu réduire sa dette de 20 millions, tous les pays se sont endettés depuis 1870 dans des proportions énormes ».

On voit que, même à ne considérer que les comptes de l'État, le budget général, la question traitée dans ces pages aurait encore une haute importance pour presque toutes les nations de notre continent.

Voir, en outre, à la fin du volume, la note se rapportant à ce sujet.

les moyens de dépenser d'une manière un peu sensée tout son revenu.

En va-t-on conclure que, à l'encontre de toutes les autres nations, les États-Unis sont en train de diminuer les charges publiques ? Non. L'objection que l'on pourrait tirer contre notre thèse de la situation florissante des finances fédérales américaines ne prouverait rien, parce que, à côté du gouvernement central, il y a les administrations des Etats et les administrations locales qui, d'ordinaire, dépensent beaucoup, vivent largement sur le crédit, et ne s'évertuent que le moins qu'elles peuvent à préparer aux contribuables des jours meilleurs. Le phénomène que nous signalons peut donc, çà et là, cesser d'être vrai, si l'on ne considère qu'une partie des organismes de l'administration publique, mais il revêt un caractère de généralité qui n'est malheureusement pas contestable dès que l'on prend la peine de placer les uns à la suite des autres le budget de la nation, celui de la province et celui de la commune.

Si, du moins, les ressources générales du pays suivaient une même progression que les dépenses publiques, il n'y aurait pas d'inquiétude à avoir. On peut augmenter son train de maison lorsqu'on possède un revenu qui se développe. Mais pendant que les charges publiques s'élèvent, le bien-être s'accroît-il dans la même mesure ? Les deux colonnes du budget s'allongent-elles, se gonflent-elles de conserve ? Très certainement pas. Il est sans doute des pays dont les ressources montent, mais même là, même aux Etats-Unis, cette contrée privilégiée avec ses territoires immenses, ses richesses naturelles prodigieuses, son extraordinaire force d'expansion, les dépenses de la nation anticipent au total sur ses revenus. C'est à tel point que, dans une ou deux de ses sections territoriales, le terme odieux de répudiation a été prononcé à propos des dettes publiques, non pas en un temps de guerre où tout est possible (preuve en soit la liquidation désastreuse de la Confédération du Sud), mais en des jours de paix. Et, à côté des pays qui jouissent d'une prospérité grandissante, il en est qui restent stationnaires, il en est même qui s'appauvrissent sans que, nulle part, les impôts cessent pour cela d'être en augmentation. Voilà le fait qui doit nous occuper.

II

Que l'extension des services publics est une raison de plus d'interdire aux diverses administrations les dépenses non justifiées. — Plan, portée et esprit de cette étude.

Notre dessein, on le pressent, est de défendre les intérêts des contribuables, menacés par les exigences croissantes du fisc, mais on pourrait nous prêter des préoccupations qui nous sont étrangères et avec lesquelles nous n'entendons nous solidariser en aucune façon.

Ce serait se méprendre absolument sur la pensée qui nous anime que de supposer un seul instant que nous aurions entrepris de venir défendre la supériorité absolue des petits budgets sur les gros, et de démontrer que le salut d'un pays réside dans une diminution de ses dépenses obtenue à tout prix. Jamais nous n'avons considéré les choses sous ce jour. Nous tenons, au contraire, qu'une nation, quelle qu'elle soit, doit se résigner de bonne grâce à tous les sacrifices jugés nécessaires pour l'exécution complète et consciencieuse des divers services publics. Aussi bien

reconnaissons-nous que l'État moderne a des attributions beaucoup plus étendues que ses devanciers et qui résultent en grande partie, selon nous,
d'une conception plus haute et plus exacte de
sa mission sociale. Il fut un temps où, enserré
dans les limites que lui traçait un individualisme étroit, asservi à la logique d'une doctrine in-
flexible et qui s'abusait sciemment sur le degré
d'activité qu'il est raisonnablement permis d'attendre de l'initiative privée, il se refusait à des exigences si légitimes qu'elles ne se discutent même
plus à l'heure où nous sommes. Quand on l'avait
chargé de l'entretien de l'armée et de l'église, de
l'organisation de la police et des tribunaux, qu'on
lui avait demandé de construire quelques édifi-
ces publics et d'ouvrir quelques routes, on se représentait qu'il n'était pas loin d'avoir rempli sa
tâche.

En Angleterre, par exemple, ce n'est qu'en
1870 que, en exécution du mémorable bill Forster,
devenu acte du Parlement, la nation se char-
gea du soin d'organiser un système complet d'enseignement primaire. Mais les choses ont marché
singulièrement vite en tout pays, et aujourd'hui
on veut que l'État, sans renoncer à ses fonctions
anciennes, fonde des hospices et des asiles, veille
à la salubrité et à l'hygiène publiques, prenne une
part active aux entreprises variées destinées à fa-

voriser le développement industriel, commercial, artistique, social du pays. Il faut nous borner dans cette énumération, car on aurait plus tôt fait de dire où l'Etat n'est pas que d'indiquer les départements ouverts ou en voie de s'ouvrir à l'intervention des pouvoirs publics.

En vérité, nous sommes porté à croire que, dans la réaction qui s'est produite contre un individualisme excessif, intraitable, décidé à n'entendre à rien, on s'est jeté dans l'autre extrême. On verra plus loin comment les partis politiques sont aisément entraînés, sous la pression des intérêts qui se manifestent dans leur sein, à pousser à l'extension des attributions de l'Etat, alors même qu'aucune nécessité ne le commande. Un abus a ainsi remplacé un autre abus. L'Etat, après s'être fait aussi petit que possible, ne laisse pas d'éprouver parfois aujourd'hui un plaisir manifeste à s'introduire partout. Bien plus, il n'est point rare qu'on le voie, jaloux de sa mission humanitaire et civilisatrice, prendre à cœur, dirait-on, de décourager à ses côtés l'initiative privée, comme si elle portait une atteinte regrettable à ses droits et menaçait le monopole qu'il s'arroge. Aussi comprenons-nous que, devant ces tendances envahissantes, des voix autorisées s'élèvent pour protester, et qu'un homme comme M. Herbert Spencer, dans un ouvrage portant ce titre qui est tout un programme, l'*Individu contre l'Etat*, consacre un chapitre des plus véhéments à démolir ce qu'il appelle « la grande superstition politique », par où il entend la doctrine du gouvernement paternel.

Nous sommes en pleine communion d'idées avec ces publicistes lorsqu'ils soutiennent que, en reculant souvent sans motif sérieux les limites de leur activité, les pouvoirs publics font une œuvre préjudiciable au pays et qu'il convient de circonscrire leur champ d'action, mais nous les trouvons à leur tour excessifs dans leur sens. Nous ne pouvons notamment suivre l'éminent sociologiste anglais précité, lorsqu'il reproche à l'Etat de protéger les faibles; cette sollicitude lui semble entraîner l'altération de la race et contrecarrer la sélection naturelle, non moins nécessaire, à son jugement, dans les sociétés humaines que dans les espèces animales. Tant pis pour la sélection naturelle : l'homme a des devoirs à remplir envers son semblable, et le *væ victis* ne peut s'adresser à des frères malheureux. Nous acceptons donc, comme une nécessité, l'extension des fonctions qui s'est produite dans certaines branches de l'administration publique, et nous ne concevons pas plus la possibilité d'un retour à l'Etat individualiste strict que nous ne le souhaitons.

Ces quelques mots, si généraux et rapides soient-ils, sur la mission normale de l'Etat, que

nous ne songeons nullement, comme on voit, à
limiter outre mesure, étaient nécessaires en tête
de ces pages. On aurait pu nous lire avec une pré-
vention fâcheuse, en se disant que nous nous fai-
sions le défenseur d'une conception politique décidément étroite, insuffisante et surannée. On voudra
bien croire qu'il n'en est rien, absolument rien. Et si
l'on conservait encore *in petto* quelque arrière pensée à cet égard, nous nous promettons de la dissiper entièrement dans la suite. Sans plus insister,
revenons à notre propos.

Il est donc entendu que les pouvoirs publics
pourront dépenser beaucoup, même en temps ordinaire car — nous ne parlons pas de ces époques
troublées où les lois naturelles demeurent comme
suspendues — sans sortir de leur mission, sans cesser de se montrer absolument fidèles à leur mandat et au vœu des populations. Mais, de là à conseiller, à recommander la dépense pour la dépense, les gros budgets pour les gros budgets, et
à prétendre mesurer la prospérité d'un pays au
montant des sommes qu'il affecte aux services publics, il y a loin, fort loin. Nous professons, au
contraire, qu'il est du devoir d'une société ayant
quelque souci de ses véritables intérêts, de sa dignité tout d'abord et de son bien-être matériel ensuite, de surveiller avec le plus grand soin l'emploi qui est fait de l'argent des contribuables, de

poser des limites précises aux droits de l'Etat en ce domaine, en ne lui permettant de faire que ce qui convient au peuple.

On n'a que trop laissé la bride sur le cou aux gouvernants. Nous pensons qu'une nation, si bien administrée soit-elle, aura toujours à faire face à des exigences considérables. Que l'on considère seulement ce que coûte à notre époque (espérons qu'il n'en sera pas toujours ainsi) l'entretien de l'armée. Et l'instruction publique, quelles sommes ne réclame-t-elle pas, et peut-on supposer qu'elle sera moins exigeante dans la suite, surtout avec l'extension très probable, à côté des écoles existantes, de l'enseignement professionnel qui n'en est qu'au début ? Les ménages politiques coûtent donc fort cher, mais n'est-ce pas une raison de plus pour rechercher l'économie et supprimer les dépenses inutiles ?

Nous nous sommes demandé d'où venait cet entraînement aux dépenses publiques, car lorsqu'on s'enquiert d'un mal, la première chose à faire c'est d'en rechercher les causes. Nous avons ensuite étudié le mal qui doit nous arrêter ici, dans ses conséquences diverses, parce que, pour porter des êtres libres à s'appliquer un traitement violent, il faut les avoir convaincus qu'ils souffrent d'une manière sérieuse et qu'il serait temps d'intervenir. Enfin nous avons recherché le remède à la situation ; nous nous sommmes demandé s'il n'y aurait pas quelques freins qui pussent efficacement retenir le char de l'Etat sur la pente des **dépenses** inconsidérées, du gaspillage, de l'exploitation de la fortune publique par les intérêts particuliers. Les *causes*, les *conséquences*, le *remède*, tels sont les trois chapitres que nous allons ouvrir.

On voit que nous laissons de côté certains points de première importance dans le vaste sujet dont nous allons nous occuper. Nous ne parlerons pas des différents systèmes d'impôts, encore que les populations soient grandement intéressées à choisir, entre eux tous, le meilleur ou le moins mauvais. Nous ne parlerons ni de leur assiette, ni de leur incidence, ni de la réforme des régimes fiscaux en vigueur. Nous nous en tenons à un seul aspect du problème, non certes le moins important, mais peut-être le moins étudié. Nous nous sommes demandé uniquement ces trois choses :

Pourquoi les budgets des Etats suivent-ils une marche ascendante si rapide ?

Que nous coûte cette pratique à laquelle on aurait tort de se plier?

Comment maintenir les dépenses dans certaines limites recommandées par la sagesse administrative la plus élémentaire?

Notre sujet est, comme on le voit, la question des impôts envisagée à sa source, dans la réduction ou tout au moins la limitation des dépenses aux véritables besoins de l'Etat.

Cette recherche veut être entreprise avec un esprit exempt tout à la fois de ce pessimisme et de cet optimisme qui faussent également la vue des choses, et dont nous parlions en entrant en matière. Aux pessimistes, nous rappellerons que l'homme est l'arbitre de son sort, qu'il y a des périls partout, dans la vie sociale comme dans la vie privée, et que le devoir de chacun, au lieu de jeter le manche après la cognée, est de lutter en homme qui n'a pas le droit de se laisser vaincre sans coup férir, qui croit à la possibilité d'un succès au moins relatif. Aux optimistes, nous dirons que si plaie d'argent n'est pas mortelle, selon le dicton · bien connu, cependant les embarras d'argent deviennent pour un pays, lorsqu'ils passent certaines bornes, une entrave qui l'arrête, le paralyse, le place dans un état d'infériorité à l'égard de ses voisins, l'empêche de réaliser sa destinée normale. Heureux encore lorsqu'ils ne sont pas une pierre d'achoppement pour la bonne foi publique.

Mais que disions-nous, que plaie d'argent n'est pas mortelle ? Un Etat peut déchoir, perdre son rang de jadis, s'affaisser comme frappé au cœur. Il y a donc pour une société des causes de mort : la corruption administrative n'en serait-elle pas une ? Qu'on soutienne si l'on veut que, dans ce cas, le mal doit être cherché plus haut que la situation financière elle-même, qu'il provient d'un affaiblissement de la vie morale au fond des âmes. A cela nous n'avons rien à objecter, car c'est seulement remonter du fait à sa cause, du phénomène à son principe caché. Ce n'est pas d'aujourd'hui que l'on sait l'étroite solidarité qui règne entre l'économie politique et la morale.

Les réflexions que nous allons présenter au cours de ce travail et dans lesquelles nous avons cherché à nous élever aux généralités les plus hautes et les plus constantes s'appliquent, dans leurs traits principaux, à toutes les démocraties, mais nous prenons ce terme dans son sens large et compréhensif, celui qui sort de l'étymologie. Il signifiera, pour nous, les gouvernements dans lesquels c'est le peuple lui-même, régulièrement consulté, qui préside à ses destinées, que ce résultat, d'ailleurs, se trouve obtenu à l'aide d'une république, ou que nous ayons affaire à une monarchie constitutionnelle.

Nous ne nous occuperons pas — et pour cause — des monarchies absolues, dans lesquelles le bon vouloir du prince ou de la camarilla dont il est l'expression officielle fait loi, aussi bien dans les questions de budget que dans celles d'un autre ordre.

Dans les organisations politiques où il n'existe même pas pour le souverain de liste civile régulière, et où les dépenses ne sont établies et réglées que par les convenances d'un autocrate irresponsable devant le pays, nous sommes en présence d'une situation à laquelle il ne peut être remédié que par un renouvellement radical des bases sur lesquelles repose l'ordre social. Avec l'arbitraire, il n'y a pas moyen de raisonner; à quoi bon poser des principes? à quoi bon chercher des règles de gouvernement? La science politique n'existe qu'entre gens qui professent en commun certaines idées, qui mettent des limites aux caprices de la volonté dirigeante et sont d'accord sur ces limites, qui partent enfin d'axiomes reconnus par tous.

DEUXIÈME PARTIE

LES CAUSES·

I

Que la responsabilité des citoyens est engagée dans trois entreprises financières dont ils ne sauraient abandonner la direction aux pouvoirs publics.

Nous avons déjà, au chapitre précédant, touché à ce fait que le budget d'un Etat est formé de la réunion de plusieurs budgets. Nous devons revenir sur ce détail important.

En général, tout citoyen appartient à trois organismes concentriques, à trois ressorts administratifs : au plus près de lui la commune, puis la province, et, enveloppant le tout, l'Etat. Les noms dont on se sert pour désigner ces trois domaines peuvent varier, mais ce n'est qu'une différence de mots : la chose reste avec ses traits essentiels.

Nous avons dit « en général », car la règle a ses

exceptions. Au lieu des trois divisions administratives que nous venons d'indiquer, il n'est pas rare, par exemple, qu'il s'en trouve quatre, et qu'entre la commune et la province se place une circonscription intermédiaire, le comté ou le district. Mais ces petites différences sont sans importance pour notre sujet.

Chacun des organismes, ou ressorts que nous avons indiqués, a ses attributions spéciales, sa sphère d'activité propre, et se trouve ainsi appelé à des dépenses régulières. De là trois budgets : le budget local, le budget régional et le budget national ou de l'Etat, qui sont alimentés en grande partie par l'impôt.

L'impôt direct ou indirect est une nécessité contre laquelle n'y a pas à s'insurger, car du moment que la gestion des intérêts publics entraîne des frais qui ne sont pas toujours couverts — et ils ne le sont jamais entièrement par le rendement des biens qui peuvent se trouver en la possession de la commune, de la province ou de l'Etat — que faire, sinon recourir à des contributions ? Elles seront établies d'une manière ou d'une autre, mais quel que soit le principe admis, on taxera, à proportion des besoins, les membres de la communauté.

Or, cette nécessité crée fatalement aux citoyens une responsabilité particulière. Par le lien de l'impôt, ils sont en quelque sorte incorporés, bon gré mal gré, dans trois entreprises financières à responsabilité illimitée, et se trouvent avoir à répondre solidairement — quoi que l'on puisse décider en leur nom, qu'ils approuvent ou n'approuvent pas la direction suivie par les différentes administrations publiques — de tous les engagements qui ont été pris, de toutes les sommes qui ont été dépensées, de tous les emprunts qui ont été émis. Cela n'a pas de limite. Le revenu de l'Etat se forme des revenus des particuliers sur lesquels il porte la main. Les gouvernements sages ne poussent leurs exigences que jusqu'au point voulu pour satisfaire aux besoins d'une bonne administration ; mais les autres, car tous les gouvernements ne sont pas formés de gens scrupuleux, habitués à compter de près et d'autant plus conscieusement qu'ils manient l'argent du public, jusqu'où iront-ils? C'est ce que l'on ne saurait dire.

Mais pourquoi donc faut-il renoncer à la conception si rassurante que certains penseurs, entre autres J.-J. Rousseau et les philosophes de l'école de Kant, Kant lui-même tout d'abord et surtout ses successeurs, s'étaient formée du caractère idéal de l'organisation politique, de sa mission divine et de sa quasi-infaillibilité ? Peut-on se souvenir, sans un mélancolique regret, des promesses que l'auteur du *Contrat social* faisait flotter devant les démocraties de l'avenir : « une forme d'association qui défend et protège de toute la force commune la personne et les biens de chaque associé, et par laquelle chacun s'unissant à tous, n'obéisse pourtant qu'à lui-même et reste aussi libre qu'auparavant ? » — et encore : « chacun en se donnant à tous ne se donne à personne ». Et qui ne voudrait pouvoir se persuader avec Kant que « les individus et même les peuples entiers..... suivent à leur insu, comme les abeilles et les castors, le dessein de la nature »; ou avec Fichte et Hegel que l'Etat est comme un dieu — le mot y est — descendant au milieu des hommes, et qui les conduit dans les voies les meilleures et les plus sûres (¹).

Malheureusement, venus trop tard, peut-être, dans un monde trop vieux, pour parler avec le poète, nous avons découvert au sein des sociétés contemplées de si haut par ces grands esprits planant sur les ailes de la spéculation, des choses dont ils ne se doutaient même pas. L'idéal s'est déchiré, et a laissé entrevoir une réalité assez différente du rêve que l'on avait fait. Nous avons de la peine à admettre avec Rousseau que l'intérêt de la patrie

---

(¹) L'Etat, écrivait Hegel, est un esprit, une âme, la substance morale de la société. C'est par l'action de l'Etat que se développe la civilisation, et c'est dans les fonctions de l'Etat que rentrent les moyens de faire progresser l'art, la religion, l'instruction.

soit assez puissant pour étouffer la voix des intérêts particuliers, et que les efforts de tous les citoyens ne tendent que vers le bien général. Nous
ne croyons pas davantage que l'Etat soit livré à
une divinité toute puissante qui consent bien à accepter notre concours, mais nous emporte, malgré
que nous en ayons et en dépit de nos résistances,
vers les destinées qu'elle avait arrêtées d'avance
pour nous. Nous regardons l'Etat comme une simple réunion d'individus rapprochés par la cohabi-
tation, par différents intérêts harmoniques, par la
similitude des souvenirs et des aspirations, et s'or-
ganisant pour la vie en commun; or, nous ne saurions nous expliquer comment cet être collectif,
étant composé d'éléments imparfaits en eux-mêmes, livrés à l'ignorance, aveuglés par les préjugés et les passions, chez lesquels l'égoïsme l'emporte sur l'altruisme, n'administrera la chose de tous
que pour le plus grand bien de tous et de chacun. Et, pour en revenir au point qui nous occupe, nous ne concevons guère comment nous
pourrions être assurés d'avance de n'être jamais
exploités par l'Etat au profit de ceux qui représentent officiellement l'association civile.

Dans la pratique, l'Etat n'est qu'une majorité,
c'est-à-dire un parti exerçant le gouvernement ;
monté aux affaires, parce qu'il lui convenait d'y
arriver, il y reste parce que, à différents points de

vue, il y trouve son compte, et que, dans l'exercice du pouvoir, il attache un intérêt tout spécial à la possession de la caisse commune.

Nous affligerons peut-être quelques personnes en parlant de la sorte. On nous reprochera une conception bien mesquine, bien terre à terre de la vie des nations, on nous accusera de méconnaître l'importance de l'enjeu qui se dispute dans les chaudes mêlées engagées autour de l'urne électorale. La politique d'intérêts, fi donc ! Nous maintenons cependant notre déclaration, et sans aller jusqu'à prétendre qu'il n'y ait plus de politique, mais seulement des intérêts, nous pensons que ce qu'on appelle la politique est fait aujourd'hui surtout de questions d'intérêts.

Nous disons aujourd'hui, car il n'en a pas été toujours ainsi.

Au point de départ les peuples sont tenus en tutelle et cherchent leur affranchissement. Les agitations qui se manifestent dans leur sein, les conflits qui éclatent entre les gouvernants et les gouvernés ont très généralement pour objet la part respective d'attributions faite aux uns et aux autres. Les masses populaires veulent obtenir des garanties constitutionnelles ; elles réclament des chartes, des privilèges, une consécration formelle de leurs droits. C'est un duel entre les aspirations libérales d'en-bas et l'autoritarisme d'une monarchie ou d'une aristocratie campée sur des privilèges séculaires auxquels elle ne veut pas renoncer. Dans cette première phase la question politique est au premier plan.

Dans la seconde phase, le peuple est émancipé, il a conquis sa majorité civile, il est souverain. C'est lui qui gouverne, et il s'est organisé selon ses vœux. Il n'a plus en face de lui un pouvoir hostile qu'il cherche à battre en brèche. A ce degré de développement, les partis politiques ne se présentent guère, d'ordinaire, que sous la forme de groupes qui cherchent à s'emparer de l'administration et poursuivent des intérêts d'ordre matériel. La question politique a passé alors au second plan. C'est là que nous en sommes aujourd'hui.

Il est vrai que, quelquefois, du second plan elle peut revenir au premier et reprendre momentanément sa prépondérance de la veille. Les conquêtes politiques ne sont jamais complètes, définitives ; elles peuvent subir des éclipses, voire même des reculs. Le progrès est comme ces généraux qui, au moment où ils croient toucher au but, s'aperçoivent que le terrain dont ils s'étaient cru assurés se dérobe derrière eux. C'est ce qui se passa, par exemple, au commencement de ce siècle, après les grands jours de la Révolution, lorsque la moitié de l'Europe se courbait sous le sceptre d'un despote, comme si elle eût désappris le bonheur que l'on goûte à être son maître.

A cette heure lugubre, la lutte pour la liberté civile et toutes celles qui en découlent : liberté de la pensée et de la parole, droit d'association, prérogatives individuelles, se rengagea, sous la conduite de quelques nobles esprits qui représentaient alors l'opinion éclairée et indépendante de l'Europe. A ce moment, Mme de Staël pouvait dire qu'elle mettait jusqu'à de la religion dans la politique. Et la politique redevenait en effet la forme la plus haute que puisse prendre l'activité humaine, un sacerdoce, un apostolat.

Aujourd'hui encore, dans des temps plus calmes, et là même où les droits imprescriptibles des peuples ont été proclamés, la grande politique, celle qui est tout entière tournée vers la défense des plus hautes revendications du droit et de la justice, peut, à certaines heures, reprendre sa prééminence et lancer quelques éclairs. Il se pose de fois à autre des questions qui demandent à tous les hommes de cœur une réponse ferme et décidée. Il y a des victimes d'une iniquité sociale à défendre, des libertés menacées, des attentats qui se commettent contre la morale et qui sont comme une insulte à la pudeur d'une nation. A de telles heures, la politique redevient une guerre sainte.

Mais nous sommes ici dans l'exception, et la règle, dans l'état actuel des choses, c'est que ce qu'on appelle communément la politique se porte sur un tout autre terrain. Une fois la démocratie solidement assise, appuyée sur les lois et garantie par les mœurs, la lutte des partis n'a plus guère, en général, qu'un intérêt administratif. De questions générales, il n'y en a pour ainsi dire plus. On est d'accord sur les principes. Le pays a sa constitution, son appareil gouvernemental. Que si les institutions ne sont pas du goût de tout le' monde, et paraissent à quelques-uns encore bien imparfaites, arriérées, vicieuses, il est rare pourtant que l'on se passionne à leur sujet ; on compte surtout, pour la réalisation des réformes désirées, sur le temps et son grand auxiliaire : les circonstances.

Nous venons d'indiquer la raison historique de la prédominance actuelle, en politique, des questions d'ordre matériel. La lutte se porte sur les intérêts, ce qui ne veut pas dire pourtant qu'elle ait perdu toute dignité (¹).

Intérêt ne signifie pas nécessairement avantages personnels ou avantages de parti. Il y a heureusement des intérêts qui, avant d'être ceux d'une

____

(¹) Si l'on nous opposait ce qui se passe actuellement en France, nous ferions observer que la France est dans une période de transition, et qu'il faut un temps plus ou moins long pour que la masse d'une population adhère sans arrière-pensée à un régime politique nouveau. Et d'ailleurs, peut-on se dissimuler que la question politique soit fréquemment un pur prétexte dans les compétitions des intérêts matériels ?

classe ou d'une coterie, sont ceux du pays tout entier. Ainsi, lorsqu'un groupe de citoyens entrent en campagne dans le dessein de remettre sur un bon pied les finances publiques, lorsqu'ils s'enquièrent des moyens de soulager les contribuables obérés, de diminuer ou, tout au moins, d'enrayer les dépenses et de répartir plus équitablement les charges ; lorsqu'ils s'appliquent à réformer l'administration et à rendre impossible, dans la suite, le retour des scandales qu'ils ont vus s'y produire ; lorsqu'ils recherchent les initiatives utiles que l'État pourrait prendre et combattent celles qui leur semblent fàcheuses, comme faisant tort aux premières, s'il y a là des intérêts d'ordre matériel en jeu, ils n'ont rien, on en conviendra, que de fort honnête et de fort respectable. Et si l'on se permettait de jeter à la tête de ces hommes une accusation de ce genre : « vous avez peur pour votre bourse », ils pourraient protester et répondre à cette injure gratuite que, s'ils pensent à eux, ils ne travaillent pas pour eux seuls, qu'en défendant leurs droits, ils combattent pour ceux de tout le monde menacés par les empiètements du fisc, et servent ainsi la cause de l'ordre et de la morale publique.

On n'est pas autorisé à parler des questions d'ordre matériel comme de quelque chose qui ne saurait toucher que les esprits vulgaires. Lorsqu'un particulier négligent ou dissolu, dissipe son patrimoine et celui de ses enfants, oublie de payer ce qu'il doit et emprunte à tort et à travers, on le blâme sévèrement et avec raison. Lorsqu'un individu mène mal ses affaires, se lance à corps perdu dans des aventures insensées, se livre à des spéculations folles, néglige les sources de son revenu, on le regarde comme un incapable. On pourra même enlever à des déséquilibrés de ce genre la gestion de leurs biens. Les intérêts de l'Etat seraient-ils plus à dédaigner que ceux de chacun des membres de l'association qui forme l'Etat ? Lors donc que nous voyons les questions de budget venir au premier plan dans les manifestations de la vie politique, nous estimons qu'il n'y a rien là qui mérite d'être pris en pitié. Une fois la liberté conquise, il n'est pas d'effort plus grand pour un peuple ni qui l'honore davantage que le souci d'une bonne et saine administration.

Mais, à côté des intérêts publics dignes de l'attention de tous les citoyens, se placent les intérêts privés, et il serait bien étrange qu'ils ne cherchassent pas quelquefois à se satisfaire, et avidement, au préjudice de la caisse de l'Etat. On peut poser en thèse générale que partout où il y a de l'argent en abondance, il se présentera en foule des gens pour demander qu'il leur soit confié, qu'on les charge de le faire valoir et de lui trouver le meilleur emploi. Or, les pouvoirs publics sont à la tête de la plus grosse compagnie financière du pays ; ils ont le maniement de sommes énormes, et les personnes désireuses d'être investies de leur administration, dans un but intéressé, ne feront conséquemment jamais défaut.

Les intérêts personnels qui cherchent, pour des motifs de ce genre, à bénéficier du budget de l'Etat, sont de deux sortes. Il y a d'abord les intérêts collectifs des divers partis politiques, considérés comme des groupes de citoyens ayant, en même temps que certaines aspirations communes, certains avantages matériels à obtenir. Il y a ensuite les intérêts particuliers qui, dans les différents camps, viennent s'ajouter à ceux du parti lui-même, et qui sont poursuivis par des individus, plus ou moins nombreux, cherchant à faire leurs affaires à l'abri du drapeau sous lequel ils marchent.

II

Des dangers que font courir à la bonne gestion des affaires publiques les intérêts collectifs poursuivis par les partis.

Les intérêts généraux d'un parti varient avec les éléments qui le composent.

Les partis désignés sous le nom de conservateurs sont principalement guidés dans leurs efforts pour se saisir de la direction politique du pays par des préoccupations d'économie. Ils trouvent que l'on dépense trop et souvent mal. S'ils le pouvaient, ils feraient refleurir l'Etat individualiste aux attributions restreintes, au risque de méconnaître les besoins du temps et de sacrifier des intérêts généraux importants. A défaut d'une réforme de ce genre, ils se donnent la tâche d'arriver, par un sage emploi des deniers publics, à asseoir le budget et à réduire la dette.

Les chefs de l'armée conservatrice appartiennent pour la plupart aux classes aisées. Le gros des forces comprend, avec les petits propriétaires, les petits rentiers et les gens d'un caractère prudent

que les aventures financières effraient, plus certaines populations agricoles qui ont échappé à l'an-
tagonisme si fréquent et si habilement entretenu
entre les « messieurs » et les simples agriculteurs.

En thèse générale, les partis conservateurs ont
la plus grande peine à se'maintenir au pouvoir,
sauf dans les pays catholiques où le clergé travaille pour eux et avec eux, et les fait profiter, les
jours où il y a un mot d'ordre à donner et des bataillons serrés d'électeurs à envoyer aux urnes, de
la forte discipline qui règne dans l'église.

Si, d'ordinaire, les conservateurs sont impuissants à garder longtemps la majorité, cela provient
essentiellement du fait que les intérêts qu'ils poursuivent ne sont pas ceux qui touchent les masses
populaires. Ils prêchent en première ligne les économies, l'ordre, la prudence, mais c'est là un point
de vue que ne partagent que rarement ceux qui
font le nombre dans les rencontres du scrutin.

Pour ceux-ci, un gouvernement est tenu, comme
on dit, de faire quelque chose; il doit mettre en
train des travaux importants, aller au devant des
entreprises utiles, déployer de l'initiative. C'est
par là qu'il laissera des traces de son passage,
dût-il aussi laisser derrière lui, du même coup, des
finances moins prospères. Routes, canaux, chemins de fer, écoles, théâtres, subventions à ceci,
allocations à cela, voilà ce qu'on attend de lui.

Toutefois, sur deux articles du budget, les groupes avancés, lorsqu'ils ne sont pas détournés de leurs vrais instincts par les circonstances, se montrent plus ménagers de l'argent de tous que les conservateurs : c'est en ce qui regarde l'église et l'armée qui leur inspirent, la première surtout, une défiance prononcée.

Cette propension à la dépense est entretenue avec soin dans le camp dont nous parlons par un certain nombre d'hommes influents qui démontrent, avec force arguments, que c'est un bien pour le pays de dépenser beaucoup, d'enrichir la fortune publique à l'aide des contributions des particuliers et de diminuer ainsi les inégalités sociales.

Le raisonnement vaut ce qu'il vaut, et nous n'avons pas à l'examiner en ce moment. Etrange théorie peut-être, mais elle est professée avec une entière bonne foi par une partie des meneurs, qui voient sincèrement dans cette politique le bien du peuple ; elle est professée par les autres dans un intérêt personnel, comme nous aurons à le voir dans la suite, et partagée par la plupart des menés, qui croient leurs chefs.

Sous quel nom désigner le parti dont nous venons de marquer les tendances ? Les appellations changent de pays à pays, mais il nous semble que celle de parti radical doit être préférée, comme éveillant une idée plus claire et plus précise, aux autres termes qui lui sont quelquefois appliqués, ceux de parti libéral, démocratique ou progressiste entre autres.

On voit sur quelle pente nous avons le pied, et l'extrême gauche du parti radical, par où nous entendons les groupes ouvriers socialistes, ne s'arrêtera pas en si beau chemin. Elle demandera que l'on aille beaucoup plus loin encore. Elle entend que l'Etat se considère comme un chef de famille chargé de veiller sur tous ses enfants et de leur procurer la plus grande somme de bien-être. Le gouvernement n'est plus le simple gérant des intérêts de la communauté, c'est le redresseur légal des inégalités, pour ne pas dire des iniquités sociales. C'est à lui de venir en aide aux petits et aux faibles, de procurer du travail et du pain à ceux qui en manquent, de faire que chacun soit content de son sort ou, à tout le moins, le trouve supportable. Par l'instrument de l'impôt bien manié, bien dirigé, appliqué au bon endroit, il aura sa caisse toujours pleine pour accomplir sa tâche immense.

On sait que le parti socialiste se divise en un certain nombre d'écoles qui résolvent diversement le mode d'intervention de l'Etat dans le domaine proprement économique où l'on veut l'introduire, l'installer en maître. Il y a plus que des nuances entre le socialisme bourgeois, qui n'est qu'un radicalisme prenant la cocarde socialiste, et le socialisme subversif d'un Henry George ou d'un Karl Marx réclamant, le premier, la nationalisation du sol, c'est-à-dire le retour à la communauté de toute la propriété foncière, le second, sous l'étendard du collectivisme, l'accaparement par l'Etat de tous les moyens de production, autrement dit de l'ensemble de la richesse nationale, afin d'arriver à la production collective.

Mais, si l'on diffère encore d'une manière profonde sur la façon dont doit s'effectuer la grande révolution socialiste, l'accord le plus complet règne sur le but à atteindre. Pour toutes les écoles, il consiste à s'emparer du gouvernement et à opérer par lui l'œuvre suprême de justice humanitaire. Après tant de révolutions politiques dont les classes déshéritées ont fait le plus clair des frais, tout en n'en retirant que fort peu de chose, viendra la révolution économique qui mettra toutes les victimes de l'organisation sociale actuelle en possession de leur patrimoine.

Les trois partis que nous venons de considérer se fondent sur les intérêts spéciaux qu'ils poursuivent. Aussi sont-ils, de tous les groupements de l'opinion politique, les plus tenaces, et se retrouvent-ils, du plus au moins, toujours et partout, car rien n'agit au même degré sur la pensée et les actes, qu'un avantage direct à réaliser.

Il arrive pourtant qu'ils subissent des modifications diverses, et si profondes parfois, qu'il faut quelque temps pour s'apercevoir qu'ils existent encore, tant ils ont été transformés et altérés dans leur physionomie.

La première cause des perturbations de ces partis fondamentaux, ce sont les événements que chaque jour apporte. Lorsque l'air est calme, la surface d'une nappe d'eau reste unie comme un miroir, les flots recouvrent en les caressant les plantes et les animaux qui y sont immergés ; mais qu'un vent subit se lève ou qu'une embarcation survienne et creuse son sillon, aussitôt tout s'agite, se déplace, et les différentes couches superposées se mêlent et se pénètrent. C'est exactement là ce qui se passe lorsque une question de quelque importance surgit dans le monde de la politique.

Supposons, ce qui est si fréquent à notre époque, un pays entouré de nations qui, après avoir pratiqué les doctrines douanières libérales, versent dans le protectionnisme. Il va avoir à décider de l'attitude qu'il prendra pour sauvegarder au mieux ses intérêts. Deux grands courants d'opinion s'établiront sans doute, l'un favorable aux tarifs modérés, l'autre aux hauts tarifs. Pour nombre de citoyens, il va se jouer une très grosse partie d'où dépendra peut-être leur avenir: selon la solu-

tion qui l'emportera, ils pourront vivre sans difficulté du produit de leurs peines, ou ils succombe-
ront. On comprend que, dans ces circonstances,
chacun se porte du côté de ses avantages personnels et immédiats, et que les cadres des partis ordinaires se brisent momentanément. Les divers
groupes d'intéressés demandent comme un dû,
aux pouvoirs politiques, de leur assurer les moyens
de travailler avec profit dans leur pays, et, pour
un temps, il pourra se faire que la question douanière devienne absolument prédominante.

Mais il y a pour le corps électoral des événements perturbateurs d'une autre nature. On peut
se trouver en présence de questions d'un ordre
plus essentiellement politique, comme une revision
de constitution, bouleversant l'ancienne organisation du pays. Le nouveau pacte national modifiera,
par exemple, les conditions de la naturalisation et
celles de l'électorat. Il est à prévoir que les promoteurs de ces réformes seront abandonnés pendant
quelque temps de quelques-uns de leurs amis, mécontents de leur œuvre, mais en même temps il
est à présumer aussi que ces pertes seront compen-
sées, au moins en partie, pour eux, par des acces-
sions de voix nouvelles, provenant des camps
adverses.

Autre exemple. Pendant ces dernières années,
en plusieurs pays, nous avons vu figurer au pre-

mier rang des préoccupations, la question de la liberté religieuse. Certains groupes de la population demandaient que des mesures d'exception fussent prises ou contre l'église catholique dans son ensemble, ou contre quelques-unes de ses corporations. Par cette cause, les anciens partis ont pu faire place à des groupements dans la formation desquels les démêlés du moment entre l'église romaine et les éléments anticléricaux de la population, ont agi avec une intensité plus ou moins grande. C'est là ce qui s'est vu et se voit encore.

Nous venons de parler de l'influence exercée par les questions du jour dans la formation des partis. Mais nous ne sommes pas au bout.

Qui ne sait, pour l'avoir appris par l'expérience de la vie, à quel point les hommes sont habiles à dissimuler le fond de leur pensée, à donner le change sur leurs visées, à détourner de l'examen qui pourrait être fait des vrais motifs de leurs actes par tous les moyens en leur pouvoir? Souvent, au moment même où ils changent leur patriotisme en gros sous et s'écrient au fond de leur cœur : « périsse la patrie, pourvu que je m'enrichisse de ses dépouilles! » ils parlent d'une voix attendrie du bien général, des intérêts et du bonheur du peuple, et, après s'être décerné un brevet de vertu, ils s'attaquent à leurs adversaires et s'appliquent à les noircir jusqu'au degré que commandent les circonstances ou qu'un reste de prudence, ou simplement de vulgaire pudeur, leur interdit de dépasser, — car c'est tout un art, et très délicat, de manier l'esprit public.

Ainsi se poursuivent deux opérations tendant au même effet et dont la première rappelle ce que l'on désigne en terme de guerre sous le nom de démonstration. Tout le secret de cet artifice consiste à donner à certains sentiments ou à certains faits une importance excessive. On célèbre la patrie et le patriotisme, on veut ne plus vivre que pour son pays et lui tout sacrifier. Mais il y a péril en la demeure. Un danger menaçant qu'on aurait pu prévoir depuis des années vient subitement de se révéler. Une question s'est posée à laquelle personne ne songeait sérieusement hier, dont on ne parlera plus dans quelque temps, une question faite surtout de vide et de fumée, de phrases sonores et d'articles empruntés aux plateformes électorales, une question en tout cas posée mille fois, enflée comme à plaisir, — et la voilà qui prime tout le reste, qui est la seule question sur le tapis et demeurera, aussi longtemps qu'elle n'aura pas été résolue, — et résolue comment? souvent simplement abandonnée, — la question des questions. Il s'agit de savoir si le char du progrès sera arrêté par cet obstacle ou si l'obstacle sera déplacé. Inutile d'entrer dans plus de détails :

tout cela est connu et vieux comme le monde.

On a parlé spirituellement de la mécanique de l'enthousiasme. La voilà, mais elle ne serait pas complète si l'on s'en tenait à l'exaltation des sentiments et des vertus patriotiques. Il doit s'y joindre autre chose, et c'est notre deuxième opération. Elle a nom, l'appel aux passions.

Les meneurs des partis ne sont pas longs à discerner chez ceux qu'ils combattent le défaut de la cuirasse, le point vulnérable où ils peuvent les atteindre. Dès qu'ils l'ont aperçu, ils embouchent la trompette et lancent à tous les échos le cri d'alarme. C'est une alliance qui se prépare, ou qui est déjà conclue, soit avec les bataillons noirs de l'ultramontanisme, soit avec les bataillons rouges de la révolution sociale. C'est un retour offensif des anciens partis vaincus et que l'on croyait à jamais terrassés pour rouvrir des questions jugées, à tout jamais closes, et faire rétrograder le pays vers les jours les plus néfastes de son histoire. Ce sont des intérêts mesquins et égoïstes, des ambitions malsaines poursuivis sous l'invocation de la patrie, et qu'il faut démasquer sans ménagement.... Voilà ce que l'on a vu, voilà ce que l'on veut que tout le monde sache. La tribune retentit alors de pathétiques appels, les courtiers électoraux grossissent la clameur, pendant que les journaux du parti exécutent complaisamment, sur le motif qui

leur est indiqué, des variations qui ne laissent pas
d'agir à la longue sur ceux qui, d'abord, ne s'étaient
pas émus de tout ce bruit. « Il doit y avoir
quelque chose, » finissent-ils par s'écrier, « il n'y a
pas de fumée sans feu. »

Au bout d'un certain temps, lorsque l'attention
commence à se lasser, on change de thème. Après
avoir fait vibrer une des cordes des passions humaines, on passe à une autre : il y en a tant. L'essentiel, d'ailleurs, est moins de toucher juste que
de frapper fort. Tout ce qui peut prolonger la di-
version que l'on donne aux esprits, les amuser à
distance de la vraie question qui s'agite, les dis-
traire de la façon dont le pays est géré, administré
et fréquemment rançonné, entretenir les illusions
et entraîner la badauderie humaine, est bon puisque cela réussit.

Sous l'étreinte des forces violentes que nous venons de voir à l'œuvre, choc des événements, agitations politiques sérieuses ou factices, insinuations
ou dénonciations, il n'est pas rare que les partis se
disloquent. Parfois il se forme de leurs débris des
coalitions plus ou moins durables. Puis, les groupements fondés sur une communauté générale
de vues et de désirs reprennent le dessus.

Mais quel que soit le parti au pouvoir et de
quelque façon qu'il y soit arrivé, une chose est certaine, inévitable : c'est que la majorité qui gouverne

gère les finances dans un sens favorable aux intérêts communs de ses membres. Tant mieux si ces
intérêts se rencontrent avec ceux du pays, ce qui
n'est pas toujours le cas. Et comme d'ordinaire ce
sont les masses qui commandent, qu'elles sont
portées aux fortes dépenses, qu'elles se figurent
qu'étant déjà assez imposées et peu imposables en
plus, elles ne courent à une augmentation des
charges publiques aucun risque sérieux et jouent
sur le velours, nous assistons à une formidable
poussée du côté des gros budgets et de leurs
impôts. Pour durer, les gouvernements se voient
contraints de marcher, même à leur corps défendant, sur la route que leur indiquent ceux qui les
ont mis sur le pavois.

III

**Des dangers que font aussi courir aux finances publi-
ques les assauts des intérêts particuliers.**

Du chef que nous venons d'indiquer, la caisse
de l'Etat peut être mise à une rude épreuve. Mais
après les intérêts collectifs du parti viennent les
intérêts particuliers que l'on cherche à satisfaire à
l'aide du parti lui-même, et qui accentuent encore
l'entraînement assez général aux dépenses publiques dont nous venons de parler. Nous avons
ainsi deux forces qui s'exercent dans la même direction et qui, la plupart du temps, s'ajoutent l'une
à l'autre.

C'est une vérité banale, cent fois constatée et
démontrée, et d'observation journalière, que pour
un grand nombre d'hommes la politique est un
moyen de succès, une carrière qui s'ouvre. Dans
certains cas, il ne s'agit guère pour ceux qui s'y
livrent, que d'arriver aux honneurs, de jouer un
rôle, de prendre du galon. Mais il n'en va pas toujours ainsi et fort souvent on cherche moins en

core la satisfaction d'amour-propre que procure une charge de confiance dont on est investi par ses concitoyens, que les avantages d'une position officielle. Ce sont là, après tout, des ambitions fort naturelles et des plus légitimes. Seulement il faudra bien convenir que ces préoccupations personnelles, lorsqu'elles deviennent excessives, constituent une menace constante pour l'équilibre budgétaire.

Elles peuvent, en effet, conduire singulièrement loin dans la voie des condescendances fâcheuses et des compromissions coupables. Un homme politique qui combat par ambition ou pour s'assurer des avantages matériels, *pro aris et focis*, manque d'indépendance. Il ne dit pas : « je suis ici, prêt à servir mon pays s'il a besoin de moi! »; il faut qu'il arrive à ses fins, et, à cet effet, il a deux choses à faire : plaire à la fraction militante de son parti, sans déplaire trop à la masse des électeurs; plaire à la masse des électeurs sans risquer de mécontenter l'état-major de son parti, — plaire partout, plaire toujours, et ne s'exposer à déplaire que sur des questions d'importance secondaire qui ne passionnent que faiblement.

Il est bien évident, en effet, que s'il perd la confiance des hommes qui forment d'ordinaire les comités électoraux, qui proposent les candidats à la veille des scrutins, qui élaborent les programmes politiques. il est fini. Aussi vous allez le voir fermer complaisamment les yeux sur les fautes commises par les meneurs de la coterie, aussi longtemps du moins qu'il y aurait danger à en parler, flatter et encourager leurs faiblesses, faire chorus avec eux pour déclarer, même en dépit des apparences les moins équivoques, des faits les plus tangibles, que les intérêts publics sont habilement et sagement sauvegardés, que le budget est excellent, que le gouvernement n'a mérité que des éloges pour son patriotisme et son infatigable dévouement.

Toutefois, l'état-major d'un parti ne fait cas d'un homme politique que dans la mesure où il sait que les sympathies de la masse lui sont acquises, et que, présenté aux citoyens, il pourra être élu sans difficulté.

Aussi, celui qui, par ambition personnelle, brigue les honneurs ou qui travaille, à l'aide de la politique, dans l'intérêt de son budget privé, doit-il chercher, en même temps qu'à se faire bien venir des chefs du parti, à soigner sa popularité au sein du parti lui-même. Il devra faire plus encore, et tâcher de gagner des sympathies parmi ses adversaires politiques. Le voilà, dès lors, qui promet monts et merveilles, des routes aux uns, des bâtiments publics aux autres, ici un dégrèvement qui n'arrivera jamais, là une subvention fort douteuse mais qu'escomptent déjà diverses catégories des citoyens, accentuant de la sorte cette poussée de l'intérêt collectif qui se fait au sein des populations. Le voilà qui, pour se mettre au niveau de ses électeurs, se laisse fatalement entraîner à se faire devant eux l'apologiste de leurs idées plutôt que l'avocat des siennes propres, le complice de leurs fautes, et à les suivre au lieu de les conduire. Hélas! il fait souvent autre chose encore ; il les trompe et les égare sciemment, car s'il leur disait tout ce qu'il sait et tout ce qu'il pense, il risquerait de compromettre le crédit des stratégistes du camp auquel il appartient et qui, alors, le désavoueraient et le mettraient à la porte comme un traître ou un brouillon.

Mais les chefs de partis ne sont pas les seuls citoyens auxquels il puisse arriver de faire de la politique dans l'espoir de recueillir un jour directement le fruit de leur peines, et qui piétinent sur le budget du pays lorsque leur intérêt personnel est en jeu. Il y a à côté d'eux une légion de frères et amis qui, au lendemain d'une victoire électorale, s'en vont auprès du gouvernement sorti de l'urne afin de s'assurer leur lot dans le partage des dépouilles, dans la répartition des places et emplois officiels vacants ou pouvant être créés. Ils mettent à réclamer leur dû une insistance que plusieurs de leurs chefs hiérarchiques doivent très facilement comprendre, puisque, eux aussi, ils ont visé tout d'abord à se faire une position au service de l'État.

Dans la grande armée des solliciteurs dont les avenues du gouvernement ne tardent pas à regorger, on distingue des hommes capables, honorables, pouvant fournir d'excellents fonctionnaires. Ils viennent d'ailleurs souvent avec des états de services sérieux, conquis dans les rangs du parti, et de bonnes recommandations des hommes importants sous lesquels ils ont travaillé comme collaborateurs électoraux.

À côté d'eux se présentent les besogneux qui se sont remués aussi dans les grandes journées de luttes, qui ont fait peut-être une certaine figure autrefois, occupé une certaine position, ou qui excipent d'étroites attaches d'amitié ou de parenté avec les hommes marquants du parti. Si on ne leur trouve pas un petit emploi rétribué, que deviendront-ils ? On ne peut les mettre à la charge de la charité publique ; il faudra donc penser aussi à eux. Ce pourra être un peu gênant, car le peuple, tout porté qu'il est à ce que l'État dépense, voit en général d'assez mauvais œil l'accroissement du fonctionarisme, mais il y a moyen de tourner les difficultés. La même chose, selon la manière dont on la présente, soulèvera des tempêtes ou passera comme une lettre à la poste.

Enfin, voici ce qu'on pourrait appeler les commanditaires dans l'exploitation des avantages dont dispose le parti au pouvoir. Ce sont des hommes qui s'élèvent au-dessus du vulgaire, qui peuvent se présenter aux élus du peuple sur un pied d'égalité, voire même avec un petit air protecteur. Ils ont prêté aux hommes devenus le gouvernement, alors qu'ils n'étaient encore que candidats, l'appui de leur bourse, de leur parole, de leur plume ou d'un nom qui faisait bien au bas des manifestes électoraux. Quelques-uns sont des nouveaux venus dans les rangs du parti, des transfuges plus ou moins sincères dans leur conversion subite, et qu'il y a intérêt à retenir. Aussi bien, sait-on pourquoi ils ont évolué. Il leur faut un avantage en rapport avec leurs titres absolument exceptionnels, et le gouvernement, tout préoccupé qu'il est de ne pas effaroucher trop l'opinion publique en faisant des libéralités excessives, tâchera pourtant de ne pas tromper leur attente.

On se rend compte de ce que ce développement illimité du fonctionarisme, venant s'ajouter aux appétits collectifs des partis au pouvoir, offre d'inquiétant pour la caisse de l'Etat assaillie de tous côtés. Comment résister à une pareille pression ? Comment ne pas être entraîné?

Nous voudrions pouvoir admettre que nous avons poussé le tableau au noir, mais on devra convenir, en regard de ce qui se passe dans nombre d'Etats, que nous n'avons fait absolument que de l'histoire, et sans rien prêter à la lettre. Où ce que nous racontons ne s'est-il pas vu à quelque degré ? Quel parti ne se reconnaîtrait dans quelques-uns des détails que nous venons de noter ? Même la politique la plus conservatrice, toute gênée qu'elle est par ses principes, à élargir la curée et à céder du premier coup aux sollicitations de ceux qui l'ont servie dans les moments critiques, ne laisse pas d'être parfois débordée. Si elle ne va pas d'ordinaire jusqu'à instituer des services publics absolument fantastiques et équivalant à des sinécures, afin d'y placer quelques-uns de ses protégés, elle ne reste pourtant pas toujours sur le terrain strict de l'intérêt public.

Sommes-nous au bout ? On le voudrait, et il semble qu'il en serait grand temps. Eh bien! non ; car voici la caisse de l'Etat qui sert de point de mire à de nouveaux quémandeurs. Après les demandes de places, il y a encore celles d'allocations présentées sous toutes les formes, soit par des citoyens connus pour le bon teint de leurs opinions, soit par des adversaires que l'on serait heureux de pouvoir à tout le moins désarmer, sinon s'attacher.

Ce sont des personnes intéressées dans quelque exploitation. Elles réclament qui, une route

à établir, un pont à construire, un édifice à bâtir
ou à restaurer, à des conditions ordinairement fort
onéreuses pour l'Etat et que l'on n'ose guère faire
qu'à lui seul ; qui, une subvention annuelle en faveur d'une entreprise ayant, assurent-elles, un caractère d'intérêt public et devant contribuer à la
prospérité du pays ; qui, une concession équivalant en fait à un excellent petit monopole industriel ou commercial. Ceux de nos lecteurs qui sont
au courant de la vie politique des Etats-Unis savent que c'est dans le genre d'opérations que nous
signalons en ce moment que la corruption administrative s'y est étalée avec la plus grossière im-
pudence, et qu'ont été accomplies les manipula-
tions de deniers publics les plus révoltantes pour
la conscience des honnêtes gens, Toutes les mé-
moires gardent le souvenir des jours de honte où
les finances de la ville de New-York étaient livrées
à une bande organisée pour la dévaliser, et où à
Washington des « contractors » volaient la caisse
fédérale avec la même désinvolture.

Et, quoi qu'il en coûte, il faut bien le dire aussi,
ce qui aggrave encore le caractère redoutable
de ces diverses combinaisons, c'est que dans nombre de cas elles ne favorisent pas seulement ceux
qui les ont sollicitées, mais que leurs négociateurs
au sein des assemblées politiques, c'est-à-dire des
mandataires du peuple ou de hauts fonctionnaires

leur touchant de près, y gagnent de quelque manière leur pot-de-vin. Il y aurait un certain parti pris à déclarer que ce n'est qu'en Amérique que ces choses-là se voient, et que nulle autre part on ne rencontrerait des serviteurs du pays négociant, au nom de l'Etat, des marchés de dupes, moyennant un profit direct ou indirect dans le rendement de l'opération. Le tour du bâton est malheureusement de tous les pays et de tous les temps, et il se diversifie à l'infini.

Ici encore, sur ce nouveau terrain, quelle fermeté ne faut-il pas chez ceux qui exercent le pouvoir pour que les intérêts de la collectivité soient soigneusement défendus ! Les gouvernements de gauche vivent ordinairement dans cette idée que l'Etat a jusqu'ici trop restreint sa capacité, qu'il est de sa mission de s'intéresser à toutes les initiatives qui peuvent contribuer à accroître le bien-être général, à développer le mouvement des affaires, à réaliser un progrès nouveau. Ils restent donc dans la ligne de leur programme politique en se prêtant aux propositions qui leur arrivent. Les gouvernements de droite, de leur côté, voudraient bien en général résister, mais leur popularité pourrait souffrir d'une attitude trop décidée, et l'on sait quelle peine ils ont presque partout à se faire une majorité un peu solide. Ils craignent, s'ils ne font rien, de mécontenter la masse ; on ne

manquerait pas de leur reprocher une politique
qui se borne à éplucher le budget et à lésiner sur
tout. Vont-ils fournir, de gaieté de cœur, des armes à leurs adversaires? Et d'ailleurs, s'ils se refusent à ce qu'on leur demande, qu'est-ce que le
pays y gagnera ? Le gouvernement qui leur succé-
dera s'empressera de tout accorder, sans compter,
sans contrôle, et il favorisera ses amis après
qu'eux-mêmes auront rebuté, dégoûté les leurs.
Bref, ils s'avouent en secret que la prépondérance
politique est d'un assez haut prix pour faire excuser quelques petits démentis infligés à leurs maxi-
mes administratives.

IV

**De deux circonstances qui tendent encore à multiplier
les prodigalités administratives.**

Si disposé que l'on soit à garder son calme et à
ne s'émouvoir que pour de bonnes raisons, il faut
bien convenir que la situation que nous venons de
retracer et qui, à quelques détails près, répond à
l'état de la plupart des démocraties, n'est rien
moins que rassurante. Si nous n'en sommes pas
à devoir nous écrier avec Mirabeau : « Aujour-
d'hui la banqueroute, la hideuse banqueroute est
là ; elle menace de consumer tout, *nos* propriétés, *notre* honneur », il est pourtant bien permis
de se demander avec inquiétude vers quel avenir
l'on marche dans quelques-uns de ces pays si fiers
des progrès accomplis. Sans compter que les dangers qui menacent certaines démocraties laissent
toujours craindre pour les autres des maux analogues dans la suite des temps.

Ce qui aggrave encore le péril, c'est que les entraînements aux dépenses que nous avons signalés

peuvent se produire dans les différentes sphères administratives où le citoyen est englobé. Le péril existe partout.

Il se montre dans la capitale de l'État à laquelle nous avons surtout pensé dans les considérations qui précèdent; il se retrouve au chef-lieu de la province, à l'hôtel de ville et à la maison de commune. Faut-il rappeler les embarras dans lesquels on a vu, au cours de ces dernières années, se débattre plus d'une administration inférieure ? Nous avons déjà parlé de la répudiation de dettes provinciales en Amérique; nous pourrions, sans aller si loin, parler aussi de certaines catastrophes survenues sur notre continent, dans des administrations municipales, et que l'on n'a probablement pas encore oubliées. Il peut donc arriver que les désordres budgétaires qui nous occupent se trouvent multipliés par deux ou trois.

Il n'est pas hors de propos de faire remarquer encore, en terminant cet exposé, que les institutions démocratiques, en diminuant les responsabilités personnelles, encouragent en quelque mesure les prodigalités budgétaires. Il est de l'essence des gouvernements d'origine populaire de se renouveler fréquemment dans le personnel qui les compose. A vrai dire, il y a aux affaires non des hommes mais un parti. Le parti seul compte. Administre-t-il bien, il ajoute à son crédit. Fait-il de

mauvaise besogne, il s'affaiblit, mais cela ne va
pas plus loin. Grâce à son caractère anonyme, il
est insaisissable. Le coupable, c'est une multitude
de gens, ce n'est personne en particulier. Les magistrats qui ont signé les bons sur la caisse de l'E-
tat n'ont pas à craindre d'être appelés nominati-
vement au tribunal de l'opinion publique ; ils n'ont
fait qu'exécuter des décisions régulièrement prises
par des corps plus ou moins nombreux. Cette impunité dont ils se savent assurés n'est pas de nature à les rendre fort attentifs aux conséquences
de leurs actes, ni fort soucieux de leur bon renom. Ils se savent couverts, quoi qu'il arrive, et
comme il est plus commode de céder à la poussée
des intérêts qui se portent vers la caisse de l'État
que d'y résister énergiquement, on se laisse dou-
cement forcer la main. Les institutions démocratiques jouissent d'une élasticité qui, à certains
égards, est un immense bienfait. Mais il semblerait
qu'un avantage ne puisse être obtenu qu'au prix
d'un inconvénient.

Cette extrême complaisance qu'elles mettent à
marcher n'importe avec qui, comme si les hommes
ne comptaient pas — et on ne se fait pas faute de
le leur montrer — tend à substituer à la responsabilité personnelle du magistrat une responsabilité partagée et limitée qui est loin d'avoir la
même force.

C'est là une circonstance fâcheuse sans doute, mais qu'y faire ? Inutile de récriminer : on n'y changera rien. Voyons seulement les choses comme elles sont, et persuadons-nous bien que si les corps politiques n'ont pas de conscience, cela est vrai surtout lorsqu'il s'agit des gouvernements foncièrement démocratiques où l'individu s'efface devant une majorité ondoyante dont il peut être complice, mais derrière laquelle il se réfugie au besoin.

TROISIÈME PARTIE

LES CONSÉQUENCES

I

Des bienfaits de l'impôt, et comme quoi, limité à son office légitime, il constitue un excellent placement.

Nous dirons tout à l'heure beaucoup de mal de l'impôt. Mais il y a aussi du bien à mettre à son actif, et comme il faut être juste, surtout envers ses ennemis, c'est par là que nous commencerons.

Toute agglomération d'hommes a besoin, avant toute autre chose, de sécurité et d'ordre. Elle doit se protéger contre les attaques qui pourraient lui venir du dehors ; elle doit se défendre également contre les perturbateurs du dedans. A tous ceux qui seraient tentés d'entraver son développement normal, soit en s'emparant du gouvernement par des voies violentes, soit en menaçant les vies et les propriétés, elle oppose la force. Il faut donc à toute société, pour exister comme telle, des agents chargés de la défendre contre les assauts extérieurs ou intérieurs qui la feraient inévitablement périr. Il lui faut une armée et une police. Il lui faut aussi des tribunaux chargés de rendre la justice, c'est-à-dire de réprimer les délits contre l'ordre établi qui se commettent dans son sein. Chacun des membres de la communauté, en vertu d'un accord tacite ou formel, d'une sorte de traité qui est à la base même de sa constitution, de ses lois et de ses codes, renonce au droit de punir, de se venger du mal qui peut lui être fait, et remet ce soin à l'État. Ce n'est qu'à partir du moment où les habitants d'une même contrée se sont donné les rudiments d'un système défensif et d'une législation pénale, qu'ils forment, à vrai dire, une société distincte, et entrent dans le concert des nations civilisées.

Mais une armée, une police, des tribunaux ne vivent pas de l'air du temps. Pour les entretenir il faut de l'argent, et cet argent est, en règle générale, fourni par l'impôt. Il ne serait possible à un État de renoncer à cette ressource que s'il possédait des revenus particuliers suffisants pour faire face, par sa seule fortune, à ses dépenses diverses. Or, à peine est-il besoin de dire que ce n'est le cas nulle part. Ce qu'un pays peut posséder en terres domaniales ou en autres richesses est toujours peu de chose comparé aux charges diverses qu'il se trouve avoir à supporter dans le cours de son développement.

Affecté à la destination que nous venons d'indiquer, l'impôt doit être considéré comme la dépense la plus utile, la plus intelligente, la plus féconde qui puisse être faite. Un déboursé qui sauve un pays de la barbarie est un placement à haut intérêt.

Telle est la première mission de l'impôt, celle à laquelle pensait surtout Montesquieu lorsqu'il le définissait dans l'*Esprit des Lois* « une portion que chaque citoyen donne de son bien pour avoir la sûreté de l'autre, ou pour en jouir plus agréablement. » Mais à cela ne se bornent pas ses fonctions.

Il sert aussi à réaliser les conditions primordiales nécessaires au déploiement de l'activité économique. L'État ouvre des routes diverses, dessèche des marécages, endigue des torrents; il organise un service de postes qui établit des communications faciles entre les points les plus éloignés de la contrée et les relie avec l'étranger.

En certains pays, et toujours dans le même ordre d'idées, il estime devoir prendre aussi en main les chemins de fer. Là où il ne les construit ni ne les exploite lui-même, il contribue souvent à leur création en aidant d'une façon ou d'une autre à leur établissement.

Derrière lui l'agriculture, l'industrie, le commerce peuvent s'avancer d'un pas sûr et étendre leur champ d'action. C'est en se plaçant spécialement à ce point de vue que le feu duc de Broglie représentait l'Etat comme « l'entrepreneur des frais généraux de la production sociale », et que M. Menier, suivi naturellement par M. Yves Guyot, voyait dans l'impôt « la mise en valeur et les frais généraux d'exploitation du capital national ».

Mais ce n'est pas tout : l'impôt est réclamé encore pour d'autres besoins. L'Etat moderne a fait rentrer dans ses attributions le soin de répandre à larges mains l'instruction qu'il regarde non seulement comme un facteur puissant dans la formation du capital économique d'une nation, mais aussi comme un élément nécessaire au jeu normal et régulier des institutions démocratiques. Il veut que tous les citoyens possèdent le minimum des connaissances élémentaires sans lesquelles un homme reste un individu incomplet, mais dans la grande majorité des cas, il ne limite pas sa sollicitude à l'enseignement primaire. Il fonde des établissements d'instruction à tous les degrés. Il fait enseigner les plus hautes conquêtes de la science. Le savoir le plus élevé lui apparaît avec raison comme le foyer où les esprits viennent raviver la flamme sacrée de la pensée et de l'invention, comme l'ennemi juré des préjugés et de la routine, le gardien de la saine raison et l'auxiliaire le plus actif du développement général.

De là à le considérer comme un des promoteurs du progrès, comme un des agents importants de la civilisation, c'est à quoi on arrive tout naturellement.

D'ordinaire il se contente d'organiser des facultés, des écoles techniques ou professionnelles où il forme des sujets capables en vue des différentes carrières libérales, de la magistrature, de l'administration, de l'industrie, du commerce. Il renoncerait dans ce domaine à son initiative, que l'action privée suppléerait sans doute en quelque mesure à son intervention, mais il serait téméraire de vouloir se reposer entièrement sur elle.

Il peut, en outre, encourager les poursuites scientifiques ou artistiques, essais, recherches, découvertes, instituer des concours, ouvrir des expositions ou s'associer par ses efforts à celles qui ont lieu au près ou au loin.

C'est pour des raisons semblables que l'État, en tout pays, l'Union américaine exceptée, a pris à sa charge l'entretien des églises; l'enseignement religieux pouvait, en effet, être considéré comme rentrant dans son mandat éducatif. C'est ainsi, tout au moins, qu'on justifie d'ordinaire le maintien si général de l'alliance entre l'Église et l'État, dont l'origine se perd dans la nuit des temps.

L'impôt a un quatrième office. Il lui incombe une grande œuvre humanitaire. Certains malheurs risqueraient de n'être secourus .ni assez vite ni assez complètement si les pouvoirs publics fermaient les yeux, ce qui serait, nous devons le reconnaître, beaucoup plus commode pour eux.

Des calamités publiques pouvant précipiter subitement des centaines, des milliers de personnes dans un dénuement complet, et, en dehors de ces cas, de nombreuses infortunes particulières le sollicitent.

Il est des individus qui, tombant malades, ne trouveraient pas toujours un hôpital pour se faire soigner. Il est des orphelins qui, abandonnés à leur sort, risqueraient d'être laissés à l'abandon. Il est des vieillards, des infirmes, des idiots qui manqueraient du nécessaire. De là une mission. de bon Samaritain qui peut conduire et conduit souvent en fait à de graves abus ; qui, mal comprise, devient à son tour un mal social ; qui demande autant de fermeté que de sagesse, c'est-à-dire beaucoup de l'une et de l'autre, mais qui s'impose. Et qui donc pourrait reprocher aux mandataires de la collectivité de relever, aux frais de tous, ceux qui n'ont personne pour leur venir efficacement en aide dans ces heures terribles où l'homme est impuissant à lutter contre l'adversité ?

Nous ne saurions enfin oublier une dernière affectation de l'impôt dont l'importance est des plus considérables. Il doit fournir aux frais de l'administration publique. Les hommes qui gouvernent ne le font pas pour rien. Les fonctionnaires chargés de mettre en activité les nombreux rouages de la machine de l'État émargent au budget. La perception de l'impôt lui-même, pour prendre un exemple, exige tout un personnel d'employés dont on ne saurait se passer. Il n'arrive pas tout seul dans la caisse ce l'État, il faut l'y amener, et il s'augmente ainsi nécessairement de la somme nécessitée pour opérer son recouvrement.

Nous sommes maintenant au bout.

Lorsque l'argent de l'État, de la province ou de la commune va aux différentes destinations que nous venons de marquer, lorsqu'il est dépensé avec économie pour des objets d'une utilité reconnue, pour une mission dont tout le monde est appelé à profiter et que l'État seul est apte à bien remplir, il faudrait être dix fois insensé pour se plaindre d'avoir à contribuer aux dépenses publiques. Il pourra arriver que les charges des citoyens soient arbitrairement réparties, qu'elles pèsent d'un poids inégal sur les fortunes particulières. Les intéressés auront alors raison de réclamer des réformes, d'insister pour obtenir les remaniements conformes à l'équité. Mais quant à l'impôt lui-même, il se légitime dans tous ces cas par les raisons les plus hautes, les plus pressantes, les plus impérieuses.

« Lorsque l'impôt est modéré, dit excellemment M. de Laveleye dans ses *Eléments d'Economie politique*, bien assis et bien employé, il n'y a point de dépense qui soit plus profitable à la généralité de la nation, et plus utile aux moins aisés. » Rappeler cette vérité est presque énoncer un truisme. Il convenait pourtant de le faire.

II

**Des inconvénients de l'impôt. — Conséquences écono-
miques : Il diminue les revenus particuliers.**

Nous venons de voir ce que l'on pourrait appeler le côté lumineux de l'impôt. Il y en a malheureusement aussi un autre. Il y a le côté sombre.
Après l'utilité de l'impôt, il faut parler de ses inconvénients.

Benjamin Constant a écrit quelque part :
« Tout impôt, de quelque espèce qu'il soit, a toujours une influence plus ou moins fâcheuse : c'est
un mal nécessaire; mais comme tous les maux
nécessaires, il faut le rendre le moins grand qu'il
est possible ». (¹)

Les conséquences regrettables de l'impôt sont
de trois sortes. Il en est qui intéressent l'économie
politique. Il en est d'autres qui sont du domaine
de la morale sociale. D'autres enfin touchent au
droit public.

On peut soutenir, à l'encontre de certaines as-

(¹) *De l'inviolabilité des propriétés.*

5

sertions dont nous ferons justice plus loin, que l'impôt, considéré en lui-même, n'est jamais un bienfait économique. Nous disons considéré en lui-même, car il est bien certain que si, par son moyen, les citoyens se procurent des avantages importants, ils se trouvent, en fin de compte, posséder en dépit des charges qu'ils supportent, une somme plus grande de bien-être. Dans ces conditions, l'impôt se résout en un bénéfice positif, mais il ne s'en suit pas qu'il ne pèse d'aucun poids.

Il constitue toujours pour celui qui le supporte, un tribut dont il aurait le plus grand profit à pouvoir être affranchi. Il représente toujours un sacrifice plus ou moins grand. Il est toujours une dépense, c'est-à-dire, un appauvrissement. J'achète un immeuble que je paie 100,000 fr. Le marché est conclu, l'acte passé, je n'en éprouve aucun regret, car j'ai fait une bonne affaire : je retrouverais aisément la somme que mon acquisition m'a coûtée. Je ne saurais cependant me féliciter d'avoir dû débourser 100,000 fr. J'aurais préféré que l'on se fût contenté de 80,000, de 50,000 fr. Si j'eusse pu avoir mon immeuble pour rien, c'était mieux encore. Ainsi en va-t-il de l'impôt. Si légitime qu'il soit, il a un côté onéreux. Il pourra procurer des bienfaits très positifs, mais pourtant l'avantage serait plus grand encore s'il n'y avait pas eu, pour s'assurer ce bénéfice, à délier les cordons de sa bourse.

Il importe donc, avant d'établir un impôt, de peser attentivement la valeur du service qu'il est appelé à rendre, puisque tout impôt entraîne un sacrifice. Tel est le fait. Mais il ne suffit pas d'affirmer ce fait; il faut le rendre sensible, palpable, il faut en faire éclater l'évidence; il faut qu'il s'installe dans l'esprit avec la force d'une conviction. Entrons donc dans quelques détails, et, pour être plus clair, recourons à une supposition. .

Que l'on imagine un État se trouvant doté, à un moment donné, d'une fortune particulière qui lui permette de se passer des ressources demandées antérieurement aux contribuables. Représentons-nous qu'un ou plusieurs Rothschilds lui aient légué une gigantesque fortune. Le voilà maintenant assuré d'un revenu égal à celui que toute l'armée des employés du fisc encaissait pour son compte. Il décide donc de supprimer, jusqu'à nouvel avis, toute espèce d'impôt, de vivre de son propre avoir. Examinons quels seraient les effets du changement survenu dans la situation financière de cet heureux pays, et voyons quelles conséquences aurait pour les contribuables la suppression de toutes les charges pesant jusque-là sur eux.

Deux résultats ne manqueraient pas de se produire. Les citoyens éprouveraient d'abord un immense soulagement à se sentir déchargés de toute espèce d'impôt. Ni l'État, ni la province, ni la commune ne leur réclameraient plus rien. C'est là un changement dont ils seraient assurément fort heureux. Ils s'en apercevraient surtout à cette époque de l'année où ils voyaient arriver leurs diverses cotes. Plus de bordereaux à parcourir d'un œil mélancolique en y cherchant des surprises désagréables. Plus de prélèvement par l'État sur leur gain professionnel, et sur les revenus de leurs différents capitaux; plus d'impôt personnel, plus de patentes. Voilà certes déjà un grand allègement; mais continuons.

Suppression aussi de ces charges fiscales qui ne reviennent pas, il est vrai, avec une invariable périodicité, mais qui ne se chiffrent pas moins au bout de l'an par des sommes très rondes versées au Trésor : droits de mutation sur les successions ou à titre onéreux, droits d'enregistrement et de timbre, et tous autres analogues.

Suppression également de ces impôts de consommation que l'on acquitte plus ou moins sans le savoir, parfois même sans se douter qu'il existent, parce que, payés par l'un des intermédiaires échelonnés entre le producteur et le consommateur, ils finissent à la longue par se confondre avec le prix même de la marchandise. Nous parlons ici des sommes perçues par les douanes sur les importations, ainsi que des droits prélevés sur le commerce intérieur, soit par les octrois, soit par d'autres moyens, et qui représentent pour l'ensemble de la population des sacrifices très élevés, encore que peu apparents.

Sacrifices très élevés en effet, car on sait que l'Etat ne se contente que rarement de frapper les articles de luxe ou de demi-luxe, qu'il s'attaque le plus souvent, soit sous l'empire de préoccupations fiscales que l'on s'explique aisément en regard de l'augmentation croissante des dépenses publiques, soit dans un intérêt — bien ou mal entendu, nous n'avons pas à examiner cette question en ce moment — de protection des industries nationales, à des articles de première nécessité, tels que le blé, la viande, les denrées coloniales, ou encore les matières premières employées dans les industries les plus courantes.

Et nous n'avons rien dit jusqu'ici des ressources que l'Etat se procure à l'aide de certaines entreprises, variant plus ou moins d'un pays à l'autre et qu'il monopolise, comme la vente du sel, du tabac ou de la poudre, ou encore l'exploitation des postes, des télégraphes, des téléphones, des chemins de fer, dont l'abandon à l'initiative privée amènerait, par le jeu de la concurrence, un abaissement dans les prix qui profiterait à tout le monde.

Voilà donc un premier profit — et combien grand ! — résultant de ce que chacun garderait

en sa possession les sommes qu'il envoyait précédemment à l'Etat par différents canaux. Le petit
contribuable gagnerait à ce changement autant
et plus que le gros contribuable. En effet, si l'on
compte ce que paie en impôts directs ou indirects un homme riche ou seulement aisé, on arrive
sans doute à un chiffre toujours assez élevé. Cependant il est moins atteint à proportion que le
pauvre, car, si on se livre à la même opération sur
le budget d'un modeste ouvrier, on verra que
l'argent que le fisc lui réclame représente pour lui,
étant donnée l'exiguïté de ses ressources, un prélèvement bien autrement lourd. Avec une marge
de gain très étroite, une somme d'impôts qui serait
sans conséquence pour un homme mieux placé,
pèse très vite lourdement. Il est bien évident que
si, avec un salaire montant, par exemple, à
2,000 fr. par an, il doit verser au fisc disons 100
ou 200 fr., il est fort maltraité. L'impôt n'atteint
pas seulement son superflu, il entame aussi son
nécessaire.

Et d'ailleurs le mot de superflu est un terme singulièrement élastique, car il s'applique en nombre
d'occasions à des choses qu'on ne saurait se retrancher sans préjudice. Le superflu de l'un est le
nécessaire de l'autre. Où commence le superflu ?
Dira-t-on peut-être que c'est ce dont on pourrait
à la rigueur se passer ? Que l'on prenne garde

On peut à la rigueur se passer d'une multitude
d'objets et de satisfactions qui font cependant partie de la vie des peuples civilisés. Les vêtements
que porte l'habitant des villes, la nourriture qu'il
s'accorde, le logement qu'il habite, excitent la
convoitise de l'habitant des campagnes qui a conservé des habitudes d'extrême simplicité.

Il y a sans doute un luxe malsain qui porte des
fruits empoisonnés, mais il en est un autre dont la
suppression nous ramènerait assez vite à l'état de
nature. Il est permis sans paradoxe, de répéter le
joli mot du poète :

Le superflu, chose si nécessaire.

Dans l'analyse à laquelle nous venons de nous
livrer, nous avons négligé à dessein, afin de ne
pas encombrer notre exposition, un fait économique qui a pourtant son importance. Nous sommes
partis de l'idée que l'État demande à tout citoyen
certaines redevances qui lui sont payées directement ou indirectement et qui empiètent ainsi plus
ou moins sur les revenus des particuliers. A ce
compte-là, chacun pourrait, en consultant ses cotes d'impôt et en supputant grosso-modo ce qu'il
paie en contributions indirectes, arrriver à une
estimation approximative de ce qu'il abandonne
chaque année au fisc.

Mais les choses sont loin de se passer d'une manière si simple. Il y a une répercussion des impôts qui va d'un contribuable à l'autre et dont les effets se propagent fort loin. Il arrive de cette manière que les charges publiques ne sont pas toujours supportées par celui qui les acquitte. En général, celui qui est atteint par le fisc cherche à se faire rembourser ; il se fait en réalité rembourser en tout ou en partie, par les personnes avec lesquelles il se trouve en relations d'affaires, la somme qui lui est réclamée. Le propriétaire foncier s'efforce de rejeter sur son fermier, ou, s'il cultive lui-même ses terres, de faire retomber sur le consommateur une fraction aussi grande que possible de l'impôt dont il est frappé ; le propriétaire d'immeubles se livre à un effort analogue auprès de ses locataires, le capitaliste auprès de ses débiteurs. Le commerçant qui est soumis à une patente fera en sorte que ses clients la règlent pour lui : autrement elle viendrait grossir ses frais généraux, partant diminuer ses profits, et c'est là une éventualité qu'il n'acceptera qu'à la dernière extrémité, quand il ne pourra absolument s'y soustraire.

On s'engagerait donc dans une série d'erreurs et de confusions si l'on s'imaginait que ce sont toujours ceux que l'impôt paraît toucher qui en font les frais. Pour les impôts indirects, la chose saute aux yeux. Nous savons que les droits de douane, par exemple — et par là nous entendons

non seulement la somme versée en passant la
frontière, mais encore les dépenses souvent aussi
élevées que représentent des formalités parfois
très compliquées à remplir et les pertes de temps
— sont supportés bien plus ordinairement par le
consommateur que par le marchand, alors même
que c'est à ce dernier que l'on s'adresse; mais ce
ne sont pas les seuls impôts indirects qui se trouvent dans ce cas, et le même déplacement peut se
produire aussi dans d'autres catégories.

Le phénomène qui nous occupe en ce moment
a donné bien de la tablature aux économistes.
L'incidence de l'impôt se ramène en fait, vue de
haut, à cette vérité reconnue par tous les maîtres de la science et que M. Ambroise Clément
formulait en ces termes: « il est impossible que les
impôts, de quelque manière qu'ils soient assis, ne
pèsent pas un peu sur tous ». (¹)

Pour apporter à ce problème une solution plus
précise, il faudrait posséder des éléments très difficiles à réunir. Il faudrait en particulier des renseignements statistiques plus complets, mieux
coordonnés et plus clairs que ceux dont nous dis-
posons.

Il faudrait aussi pouvoir pratiquer des expéri-
mentations fiscales variées, ajouter ou retrancher,
aggraver ou alléger tel ou tel impôt pendant un

______
(¹) *Dictionnaire général de la politique*, tome II, p. 43.

certain temps, et voir les conséquences que ces différents changements entraîneraient, leur effet sur les fortunes particulières, leur répartition entre les diverses classes de la population. Il y a là tant de fils qui se croisent, tant d'intérêts qui se rencontrent et influent les uns sur les autres, tant de causes et d'effets qui s'enchevêtrent, que lorsqu'on veut parvenir à un résultat d'ensemble, le regard se trouble. On croit tenir une conclusion et elle vous échappe. Nous aurons du reste à revenir un peu plus loin sur ce sujet, à un point de vue spécial ([1]).

Quoi qu'il en soit d'ailleurs de l'incidence de l'impôt, elle ne saurait rien changer au fait qui nous intéresse en ce moment. Que prétendons-nous ? Que l'impôt est un prélèvement opéré par l'État sur le revenu des particuliers. Or, peu importe que chaque contribuable paie ou ne paie pas réellement lui-même en impôts, tout ce qu'il a l'air de verser au fisc.

Il nous suffit de savoir qu'il y a quelqu'un qui paie, et que ce quelqu'un est un peu tout le monde, même ceux qui pourraient se croire les plus ménagés. Et pour résumer le premier point que nous avons cherché à mettre en lumière, nous dirons, au risque de rappeler un peu les aphorismes du célèbre M. de la Palisse, que si, un beau

([1]) P. 113 et suiv.

matin, l'État se trouvait en mesure de se passer des contributions diverses qu'il encaisse et consomme aujourd'hui, il laisserait entre les mains des particuliers de belles sommes qui leur échappent pour le quart d'heure. C'est là un premier bénéfice qui résulterait de la suppression des impôts.

III

Suite des conséquences économiques : que l'impôt diminue le bien-être matériel et la puissance productrice.

Faisons un pas de plus et, poursuivant notre
supposition, considérons un second bénéfice.

La population payait jusqu'ici, en taxes multiples, une rente annuelle dont elle n'aura plus désormais à se dessaisir. Que va devenir cet argent?

Il sera en partie employé à procurer aux particuliers une existence plus large, plus facile. Les
gens qui étaient dans une position gênée se trouveront moins à l'étroit. Ils pourront s'accorder une
nourriture meilleure, un logement plus saluble et
plus commode. On verra des personnes jusque-là
obligées, pour arriver à joindre les deux bouts,
de se surmener durement, de se condamner pour
ainsi dire aux travaux forcés, se décharger
d'une partie de leurs occupations et se contenter
d'un labeur quotidien mieux en rapport avec les
forces humaines.

Cette augmentation d'aisance s'étendra à toutes

les classes, en allant des plus humbles aux plus
opulentes, et chacun en profitera.

L'épargne qui, jusque-là, n'était guère le fait
que des personnes favorisées par la fortune ou
par les avantages de leur position, fera son apparition dans différentes couches sociales où elle était
demeurée à peu près inconnue ou presque insignifiante, et atteindra des chiffres très significatifs.

Le supplément de ressources résultant .de la
suppression des impôts, ne laissera pas, comme
on voit, de porter des fruits considérables et variés, équivalant à une véritable révolution au sein
des familles.

En vérité, nous n'avons pas à relever seulement
des avantages économiques mais aussi des bienfaits moraux. Un accroissement d'aisance assure,
dans la règle, du temps pour penser, se cultiver et
jouir de son intérieur, un esprit plus tranquille, un
cœur plus content, une meilleure éducation aux
enfants. C'est quelque chose que cela.

Mais que l'on nous signale d'autre part un progrès moral qui ne redevienne pas, à son tour, le
principe et le ressort d'un progrès économique. La
misère noire enfante ordinairement une famille de
vices, qui, de leur côté, perpétuent le paupérisme.
Au contraire, un certain bien-être développe en
général les conditions favorables à l'entretien et à
l'accroissement du bien-être.

Reprenons du reste, pour les considérer de plus près, quelques-uns des faits que nous venons d'énoncer, ce qui nous permettra de mieux discerner la solidarité qui existe entre l'amélioration des conditions de la vie en général et le progrès économique.

Il y aura, avons-nous dit, une augmentation très notable de bien-être au sein des différentes classes de la population, et l'un de ses premiers symptômes sera la consommation d'un grand nombre de choses dont on avait dû jusque-là se passer. Mais les objets nouveaux dont on voudra s'accorder la jouissance, il faudra se les procurer, et comment se les procurerait-on sinon en donnant du travail aux industries qui les fournissent et au commerce qui les transmet ? Une demande plus active de ces objets nécessaires à la vie amènera un redoublement d'activité économique. On a remarqué que, dans les années fertiles, les agriculteurs, ayant des rentrées plus fortes, achètent beaucoup de choses dont ils s'étaient passés dans les saisons mauvaises : articles de ménage, vêtements, instruments aratoires, etc. Ils font souvent aussi réparer ou agrandir leurs maisons; ou bien ils paient une dette ou achètent un champ. On dit alors que les bonnes récoltes font aller les affaires. Eh bien généralisons, et donnons à cet exemple une portée plus étendue.

Représentons-nous que toute une population fasse, pour ainsi parler, une riche moisson chaque année. Elle ne manquera pas de dépenser davantage ; elle fera travailler au près et au loin des gens qui s'empresseront de pourvoir à ses besoins; pour se procurer des satisfactions nouvelles, elle répandra l'aisance dans les milieux où l'on travaille.

Les jeunes gens, avons-nous vu aussi, recevront une instruction plus complète, plus solide, à tous égards meilleure. On sera moins pressé de les amener à se subvenir à eux-mêmes. On les enverra fréquemment à la fin de leurs études faire un stage au dehors ; ils reviendront après avoir fait connaissance avec d'autres mœurs, d'autres institutions, d'autres hommes, et en possession d'une ou deux langues étrangères qui leur permettront d'étendre encore leur champ d'observation, leur stock de connaissances précises et d'expériences. Ils deviendront ainsi, à un moment donné, et quel que soit leur champ de travail, des employés ou des patrons plus capables que ne l'étaient leurs pères, à intelligence plus ouverte et mieux équipés pour faire leur chemin.

Nous avons parlé aussi de l'accroissement de l'épargne. Il est plutôt rare qu'une augmentation de ressources serve uniquement à se faire la vie plus douce, à chercher des jouissances immédiates, nouvelles et à dépenser sans compter. Le plus habituellement, l'élargissement du revenu a aussi cet effet de grossir le chiffre des économies annuelles.

Celui qui a plus qu'il ne lui faut pour satisfaire ses besoins et remplir les différentes obligations qui résultent de la position qu'il occupe, laisse à la caisse d'épargne ou à la banque son excédant budgétaire. Il se trouve ainsi plus riche au bout de l'an, et cela ne lui déplaît pas trop.

Il en est de la possession de l'argent comme de beaucoup d'autres choses : l'appétit vient d'ordinaire en mangeant. Or, c'est là un fait dont on ne peut que se féliciter au point de vue économique. S'il est incontestable qu'un homme qui met en réserve une somme d'argent n'est pas désintéressé et agit sous l'empire d'un mobile égoïste, cependant en cédant à cet appétit, il ne laisse pas de travailler au bien de tous. Les sommes qu'il distrait de son usage personnel pour les ajouter à son avoir circulent par mille chemins et servent à accroître la richesse générale. Elles fournissent à l'agriculture, à l'industrie, au commerce, les fonds dont ils ont besoin pour se développer. Est-il fait appel à leur concours pour une entreprise coûteuse, telle que la construction d'une ligne de chemin de fer ou le creusement d'un canal maritime, elles arrivent juste à point et prêtent l'appui demandé. Elles ressemblent à ces armées de volontaires toujours en éveil, attentives aux nécessités du moment, et qui se portent au premier signal là où leur présence est nécessaire. C'est de l'argent qui travaille, il n'est pas inutile de le rappeler, car on se représente trop souvent le fruit de l'économie comme étant une richesse inerte que l'on enfouit quelque part.

Mais le temps n'est plus où, pour conserver ses épargnes, il fallait les mettre dans un vieux bas ou les cacher dans la terre. A l'heure actuelle, toute somme qui n'a pas été dépensée est employée à grossir la production : associée à la main-d'œuvre elle devient une force productrice de richesses nouvelles, et rend service à la société. C'est ce qui a fait dire à Adam Smith que « l'homme qui épargne est un bienfaiteur public. »

On voit d'ici les avantages économiques que produirait une exonération générale d'impôts dans un pays.

Sans avoir épuisé le sujet, nous en avons dit assez pour qu'on puisse s'en faire une idée suffisante. Mais pour achever notre démonstration, nous avons encore à dissiper certaines arrière-pensées qui pourraient rester dans les esprits.

IV

Suite des conséquences économiques : que l'impôt, sous
la forme de droits de douanes, ne cesse pas d'être
une charge.

Dans l'hypothèse où nous nous sommes placé,
nous avons renversé la muraille de Chine des
hauts tarifs douaniers derrière laquelle presque
toutes les nations, à l'heure où nous sommes, abritent ou croient abriter leurs intérêts économiques.
Cela ne fait pas l'affaire des partisans des droits
d'entrée protecteurs, et nous les entendons qui se
récrient :

« Mais y songez-vous ? Vous allez ouvrir la
porte toute grande à la concurrence étrangère.
Vous préparez une catastrophe. Il est telle industrie qui donnait de magnifiques résultats et à laquelle il faudra renoncer. Vous vous croyez déjà
enrichi pour avoir vu disparaître toute espèce de
charge fiscale ; êtes-vous bien sûr de ne pas arriver à un résultat diamétralement opposé »?

Nous pourrions nous contenter, pour repousser
ce rude assaut, de rappeler que certains pays ne

se sont pas trop mal trouvés de supprimer en grande partie, si ce n'est entièrement, leur cordon douanier, témoin l'Angleterre, qui n'impose qu'un petit nombre d'articles d'importation, tels que le thé, le café, les alcools, le tabac, etc., et dont les affaires n'ont pas moins continué à donner d'assez bons résultats, voire même à fleurir.

Cette réponse, qui a pourtant sa valeur, paraîtrait peut-être trop facile. Elle ne contenterait qu'à moitié nos contradicteurs, qui triompheraient alors à leur aise. Or, comme c'est là une satisfaction que nous regretterions de leur laisser, nous allons leur présenter, sinon un plaidoyer complet en faveur du libre-échange, du moins quelques-uns des arguments que l'on peut faire valoir en sa faveur.

Voici donc un pays qui va renverser toutes ses barrières de douanes. Eh bien, nous en convenons sans peine, la suppression des droits protecteurs jusque-là réclamés à la frontière, portera un coup sensible à certaines branches de la production indigène. Mais auxquelles? Pas à toutes, bien loin de là. A celles-là seulement qui ne se soutenaient que par l'intervention de l'Etat.

Mettons par exemple que, sans être à proprement parler un pays de vins, vous ayez jusqu'ici demandé aux contribuables de payer chaque année une certaine somme, afin de permettre aux viticulteurs de la contrée de se livrer avec profit à leur genre d'exploitation. La protection de l'Etat, ou si l'on veut la prime de production une fois re-tirée à cette entreprise agricole, l'étranger aura beau jeu à disputer le terrain à vos crûs, et il les battra sur le marché, tant par la qualité que par le bas prix des siens.

La même chose se serait passée, et bien plus sûrement encore, si, dans un pays autre que celui où fleurit l'oranger, le gouvernement se fût mis en tête de ne faire consommer à la population que des oranges de la contrée obtenues à grands frais par des moyens artificiels, dans des jardins qu'il aurait fallu protéger contre le vent ou la pluie, ou dans des serres chauffées durant plus de la moitié de l'année. Une fois les douanes abolies, le premier convoi amenant les oranges récoltées sur les bords de la Méditerranée balaierait les misérables produits recueillis dans les pénibles et coûteuses conditions que nous venons d'indiquer.

Au lieu de vins ou d'oranges très onéreusement défendus contre la concurrence de l'étranger, que l'on imagine toutes les industries que l'on voudra parmi celles qui n'auront prospéré que grâce à la protection des douanes; qu'il s'agisse de tannerie ou d'horlogerie, de la fabrication des draps ou de celle des soieries, de la culture du blé ou de celle de la betterave à sucre, la liberté commerciale leur sera funeste et peut-être même absolument fatale.

Mais ici nous avons deux observations à faire. La première, c'est que certaines entreprises agricoles ou industrielles pourraient succomber sans que leur disparition fût préjudiciable au pays. Chaque région est, en effet, comme prédestinée par les conditions spéciales où elle se trouve, à produire telle ou telle richesse plutôt que telle autre. Ne forçons pas notre talent, disait la Fontaine aux travailleurs de la pensée ; on pourrait, avec tout autant de raison, donner ce conseil aux ouvriers des champs et de l'atelier.

En renonçant aux encouragements accordés par le tarif douanier à certains genres de production, on serait amené à suivre plus docilement les indications de la nature. Les terres ne seraient pas livrées à des cultures qui leur répugnent. On ne verrait pas planter en vignes des terrains propres à toute autre chose, et où l'exploitation vinicole, livrée à elle-même, ne saurait faire ses frais : on y établirait tout simplement des champs ou des prés dont le bon rendement serait assuré. Seules les usines, fabriques ou autres exploitations économiques de force à marcher par elles-mêmes resteraient en activité ; les autres disparaîtraient et soit les bras, soit les capitaux qui y trouvaient un emploi, s'en iraient chercher ailleurs une occupation plus rémunératrice. Du reste, nous allons bientôt nous convaincre que cette éventualité ne saurait se produire sur une bien grande échelle.

Notre seconde observation, c'est que, encore que désarmé et cessant d'être défendu par l'Etat contre les producteurs étrangers, l'heureux pays où nous transporte notre rêve serait d'autant mieux en mesure de soutenir la concurrence qu'il se trouverait dans une situation économique générale beaucoup meilleure que précédemment.

Tout d'abord ses forces productrices auraient augmenté de tout ce dont le grevaient les charges publiques. Si un champ paie par exemple en impôt 1/20 de sa rente foncière annuelle, supprimer cet impôt, c'est ajouter 1/20 à sa productivité. Si un atelier où on se livre à la construction des machines, doit, pour 20 machines fabriquées dont il encaisse la valeur et sur lesquelles il réalise un profit, en vendre chaque fois une 21ᵉ pour acquitter les impôts qu'il supporte, il est bien évident que lui faire remise de ces impôts c'est accroître aussi sa productivité dans la même proportion de 1/20. Et de même pour tous les autres cas analogues que l'on pourrait imaginer. Or, se représente-t-on l'amplitude que prendraient les forces économiques d'une contrée à l'heure où cette contrée se trouverait déchargée de toute espèce de tribut envers le fisc ? Sur cette terre privilégiée, il n'est pas possible d'admettre un instant que les capitaux demeureraient inoccupés ni que les bras resteraient oisifs.

Mais nous n'avons pas été encore jusqu'au bout. L'impôt a des effets multiples, et, dans toute entreprise agricole ou industrielle, il faut ajouter à ce qui se verse directement au fisc à titre de redevances diverses, une autre colonne de dépenses que l'on peut considérer comme une des conséquences indirectes de l'impôt. Nous aurions, par exemple, à signaler le surenchérissement du prix des matières premières, de celui des immeubles, de celui des outils, de celui des salaires.

Arrêtons-nous un moment à la seule question des salaires, et par elle on jugera des autres facteurs du problème.

Tout nouvel impôt tend à faire hausser le prix de la main-d'œuvre. L'ouvrier doit vivre, lui et sa famille, et si son salaire ne lui permet pas de satisfaire ses besoins les plus impérieux, la situation devient intenable. Ainsi donc que les denrées, les vêtements ou les appartements renchérissent, la journée de l'ouvrier, qui ne dépasse guère en général le prix de son entretien, haussera en proportion. C'est surtout pour cette raison que nous voyons la grande industrie déserter certaines contrées et se porter vers d'autres. Elle prend pied, toutes circonstances égales d'ailleurs, dans les régions où la vie est à bon marché, et là seulement.

Tout nouvel impôt ayant pour effet d'élever le taux du travail, toute suppression d'impôt aura juste le résultat contraire. Or, dans notre supposition, l'État a rayé d'un trait de plume l'ensemble des charges publiques qui pesaient sur la nation. Un tel allègement amènera fatalement une baisse considérable du prix de la vie dans l'enviable pays que nous avons pris comme champ de nos expériences, et, du même coup, une diminution dans le tarif des salaires. Le travailleur gagnera moins, ce qui ne veut pas dire qu'il sera plus pauvre, puisqu'il pourra entretenir son ménage à moins de frais.

Cet abaissement du prix de la main-d'œuvre, joint aux autres circonstances qui accentueront encore cette diminution des frais de la production agricole et industrielle, aura un effet nécessairement décisif sur le travail national. La production, dans son ensemble, redoublera d'activité et les profits monteront.

Tout à l'heure nous parlions, pour fixer les idées, d'une augmentation de 1/20 de l'ancienne productivité, mais nous n'avions considéré encore que l'action directe de l'impôt. Si nous tenons également compte de son influence indirecte, lointaine, détournée, ce n'est plus de 1/20 seulement qu'il faudra majorer la valeur des produits fournis par le champ ou par l'usine, mais peut-être de 1/10 et plus.

Or, chaque fois qu'avec le même effort on réussit à créer une quantité plus considérable de marchandise, on peut, sans compromettre ses bénéfices, abaisser le prix de la marchandise. Telle est la raison qui a permis, par exemple, aux fabriques ayant remplacé le travail à la main par celui de la machine, de vendre à meilleur marché. Mais, produire à bas prix, c'est le moyen le plus sûr de ne pas se laisser évincer par ses concurrents.

Il n'y aurait donc pas lieu d'être surpris si, dans la situation nouvelle que nous esquissons, il arrivait que certaines branches d'affaires qui avaient paru, au premier abord, devoir sombrer, résistassent victorieusement à la crise que leur ferait traverser l'avènement du libre-échange. Même après le renversement des barrières de douanes, elles pourraient se trouver encore dans une situation exceptionnellement belle. Le pays où nous opérons dans notre hypothèse aura comme compétiteurs, sur le marché général, des voisins appelés à supporter de lourdes charges fiscales, dont lui-même sera désormais affranchi. Il lui sera dès lors possible de leur tenir tête, tant chez lui que chez eux, au moins avec ses principaux produits.

Oui, quelque peine que l'on prenne d'ailleurs pour lui fermer l'accès des débouchés étrangers, il réussira à les forcer. Il s'avancera en conquérant dans toutes les directions. Il fera avec ses richesses les plus importantes ce que certaines contrées font aujourd'hui avec quelques-unes des leurs : la France avec ses vins, l'Allemagne avec sa bière, la Russie et les Etats-Unis avec leur blé, l'Angleterre avec ses tissus et sa quincaillerie, la Suisse, en quelque mesure, avec ses cotonnades, ses soieries et ses montres.

V

Suite des conséquences économiques : que l'impôt peut être assimilé à une dette permanente, et que, soit les particuliers, soit les Etats, ont un intérêt majeur à ne se laisser grever que le moins possible.

L'impôt est une dette pesant sur tous les agents de la production : sur la terre, sur les diverses espèces de capitaux, sur le travail lui-même. Chaque année, il faut payer l'intérêt de cette dette. Alléger cette dette, c'est encourager la production, la rendre plus abondante, moins coûteuse, et partant d'un meilleur placement; c'est donner à tout le mouvement des affaires une impulsion proportionnée au chiffre des réductions opérées.

Voilà un fait des plus importants, mais trop oublié. Il est permis d'affirmer que c'est pour l'avoir trop méconnu que des peuples nombreux se sont fait de nos jours les artisans de leurs propres difficultés matérielles (¹).

(¹) Nous connaissons un petit peuple qui faisait procéder dernièrement à une enquête officielle sur les causes de la crise économique. A la suite d'une investigation des plus sérieuses, les commissaires conclurent, entre autres choses, à la diminution des

Les anciens systèmes d'impôts étaient généralement iniques et brutaux. Le gouvernement vous envoyait un de ses agents, qui parcourait vos terres, comptait vos gerbes et, selon les besoins de l'Etat, en prélevait une sur quinze, sur douze, sur dix. Et à côté de la dîme, c'était la corvée. L'entretien des routes, la construction d'une voie nouvelle ou d'un pont étaient encore dévolus au menu peuple, sur lequel retombait tout le poids des charges publiques. Après avoir pris une partie de ses récoltes, le gouvernement lui demandait aussi son temps, ses forces, ses peines, un certain nombre de jours de son existence chaque année.

Il faut, certes, se féliciter que cet odieux régime de spoliation et d'arbitraire ait pris fin, mais peut-être devrions-nous le regretter un peu. Il faisait voir très nettement et discerner à chacun le véritable caractère de l'impôt. Il était impossible alors de le proclamer en lui-même un de ces bienfaits auxquels se mesure la prospérité d'un pays. Il sautait aux yeux que plus on élève le taux des charges publiques, plus on empiète sur la fortune et la liberté des particuliers.

impôts, ou tout au moins à un arrêt dans leur marche. Ils avaient vu juste, mais leur travail n'eut pas même les honneurs de l'impression. Il est évident que le gouvernement qui avait ordonné l'enquête était assez édifié, et qu'il lui déplaisait qu'on lui remît des verges pour se fouetter.

Les populations mises sans pitié à contribution sentaient que c'était à elles, à leur bien-être, à leur bonheur, que l'on en voulait, et elles se défendaient de toutes leurs forces contre ces hommes sinistres, l'huissier et ses recors, qui venaient, au nom de l'Etat, leur demander de se laisser appauvrir ou ruiner.

Aujourd'hui, avec une mesure plus égale pour tous, les choses ne diffèrent pourtant pas autant qu'il pourrait sembler au premier abord de ce qui se passait autrefois. L'Etat se promène encore à cette heure par les campagnes pour y prélever sa part de récolte. Il réclame de même aux habitants des villes la dîme du produit de leur travail. A tous il impose des corvées. Seulement il cache mieux son jeu.

Nous acquittons nos charges en argent, et au lieu d'en exiger la totalité en un seul paiement, il nous les demande sous différentes formes, une portion directement, le reste d'une manière dissimulée, au moyen d'impôts qui ne nous atteignent que par ricochet, subrepticement et parfois même à notre insu. C'est très différent si l'on veut, et pourtant, quand on en vient au fait et au prendre, c'est toujours la même chose.

Ici finit notre supposition d'un Etat sans impôts. Nous convenons qu'elle était un peu hardie, puisque pareille situation ne saurait se réaliser nulle part, mais elle était commode. Elle nous a permis de déduire anecdotiquement, en quelque sorte, les vérités que nous désirions mettre en lumière. Pour rentrer dans la réalité, il n'y a, du reste, qu'à réduire les proportions.

Si nous ne sommes pas dans l'alternative d'avoir à nous prononcer entre l'Etat qui ne coûte rien et l'Etat qui fait payer ses services, ne sommes-nous pas appelés sans cesse à émettre un avis touchant des modifications du système fiscal, lesquelles, dans la majorité des cas, comportent ou des dégrèvements, ou, plus habituellement, des aggravations de charges?

Ce que nous avons cherché à faire saisir, en exagérant les choses, ne laisse donc pas de se produire dans des proportions plus restreintes.

Nous avons montré dans quelle situation éminemment enviable se placerait un pays qui pourrait cesser de rien demander aux contribuables. Voilà l'idéal, et nous devons admettre que tout ce qui s'en éloigne compromet des intérêts économiques vitaux.

Il est encore un point dans cette discussion que nous ne développerons pas, mais qu'on nous permette du moins d'indiquer en bref :

L'Europe subit le régime désastreux de la paix armée, armée jusqu'aux dents.

Les autres contrées avancées du Nouveau

Monde ne sont pas dans cette pénible nécessité ; leur isolement relatif les unes des autres leur permet de se contenter d'un déploiement de forces militaires pour ainsi dire insignifiant. C'est là autant d'économisé pour elles. Mais si les nations de l'Europe, avec leurs énormes budgets de la guerre, ne trouvent pas moyen de diminuer les autres dépenses et de surveiller attentivement leur train de ménage, le jour viendra où, dans la· grande compétition des forces industrielles, elles se trouveront placées dans une situation d'infériorité des plus graves. C'est forcé, et d'autant plus forcé que la défense militaire n'engloutit pas seulement des capitaux monstrueux mais encore les forces de milliers et de millions de bras aux plus belles années de la jeunesse.

Nous savons maintenant combien chèrement se paient toutes les aggravations d'impôts. Ce serait-là, semble-t-il, un motif suffisant, si ce n'est pour y renoncer toujours, du moins pour ne les accepter que lorsqu'il y a urgence et que de grands intérêts réclament absolument des sacrifices nouveaux. Mais il y a une autre raison qui milite dans le même sens. Cette raison la voici :

L'économie est une vertu pour les Etats comme pour les particuliers. Celui qui ne proportionne pas ses dépenses à son revenu, se ménage, dans l'avenir, toutes sortes d'embarras qui pourront lui faire regretter amèrement sa prodigalité et son imprévoyance. Un Etat qui ne compte pas ou qui compte mal, qui se fait des illusions sur ses ressources et abuse de son crédit, ressemble à ces personnes qui s'accordent le luxe et se privent du pain quotidien.

Le moment arrivera pour lui, un peu plus tôt ou un peu plus tard, où des travaux importants, des réformes de première nécessité s'imposeront à son initiative, et alors, de deux choses l'une : comme il y a une limite aux emprunts et à ce qui les accompagne — la recherche de ressources nouvelles — ou bien on se refusera quelques-unes de ces choses dont le besoin se fait sentir, ou bien, pour se les accorder, on se verra obligé de diminuer la part budgétaire allouée aux services anciens, au risque de les désorganiser, de rétribuer insuffisamment leur personnel ou d'entraver leur développement naturel. Que vienne, par exemple, une grosse dépense militaire commandée par la force des circonstances, on la fera, mais comme on sera déjà arrivé presque à la limite du crédit de l'Etat, il faudra en même temps se résigner, que dirai-je ? à retarder la construction de nouvelles écoles devenues nécessaires, ou à abaisser le traitement des instituteurs chargés d'élever la jeunesse du pays et qui avaient droit pourtant à des égards particuliers. Il n'y a que ceux qui ne dépensent qu'à propos qui trouvent aisément de l'argent dans les moments où il en faut.

Il était dans le vrai, le vieux Franklin, le jour où sa plume traçait cet aphorisme, une des perles de son petit chef-d'œuvre, *la Science du bonhomme Richard :* « Quand le puits est à sec on connaît le prix de l'eau ».

Nous savons bien que certains hommes de gouvernement sont toujours enclins à se croire au large. S'ils ne le sont pas aujourd'hui, ils le seront demain. Et de quoi se plaint-on? Que redoute-t-on? Les propriétés prennent du prix, les capitaux augmentent, le mouvement industriel et commercial s'accentue, grâce en partie à leur politique, de progrès, à leur administration éclairée. Ils ont donné une plus-value considérable à tous les éléments de la richesse du pays ; les impôts, en s'élevant un peu, ne font que suivre la marche générale des affaires...

Nous avons entendu souvent ce refrain séduisant, mais nous savons aussi ce qu'il en faut penser. Que de fois ne s'est-on pas livré à des calculs de pure fantaisie que l'événement a renversés, au grand étonnement de tout le monde, sauf peut-être ces prophètes de bonheur intéressés à rassurer les esprits, à les endormir, et à conserver leurs fauteuils !

VI

Suite des conséquences économiques : que c'est un sophisme de considérer l'impôt comme un stimulant pour le travail national.

Nous avons jusqu'ici analysé, en descendant jusqu'aux contre-coups éloignés, les conséquences économiques toujours regrettables de l'impôt. Notre tâche pourrait paraître achevée : elle ne l'est cependant pas.

Nous rencontrons, en effet, trois grosses hérésies que les personnes disposées, pour une raison ou une autre, à voir d'un bon œil les lourds impôts, répètent comme parole d'Evangile. A la lumière des faits que nous avons cherché à établir, nous désirons leur accorder quelques instants d'attention, et les réfuter les unes après les autres. Il ne suffit pas de montrer la vérité, il faut encore faire voir que ce qu'on lui oppose est l'erreur. Il ne suffit pas de se retrancher derrière les lignes d'un système, comme dans une forteresse : il faut encore saisir corps à corps les adversaires qui continueraient à se prétendre les maîtres du terrain.

C'est étrange à dire, mais les trois sophismes que nous avons à mettre à nu, si insoutenables d'ailleurs qu'ils soient en eux-mêmes, ont réussi à prendre un certain air de plausibilité et à pénétrer, les deux derniers surtout, au sein de certaines populations qui ne se distinguent pourtant pas spécialement par leur sottise.

On a affirmé d'abord que l'impôt était un stimulant pour le travail national qui, privé de son concours, manquerait d'élan.

On a cherché ensuite à montrer que c'était de l'argent qui restait dans le pays, et l'on est parti de là pour prendre plus facilement son parti des prodigalités ou même des gaspillages budgétaires.

Enfin on a soutenu qu'il était toujours possible de le faire acquitter surtout par la classe riche, et que, comme il profitait à tout le monde, il tendait à opérer au profit des pauvres une péréquation des fortunes éminemment désirable.

La première des trois thèses que nous venons d'énoncer a été soutenue, non sans talent, par l'économiste anglais Mac Culloch. Il fallait certes une forte dose d'habileté dans la dialectique pour la rendre présentable.

Ce n'est pas que nous la tenions pour absolument erronée. On ne saurait disconvenir, en effet, que l'obligation de payer à l'État certaines redevances ne constitue un stimulant à l'activité économique. L'argent ne venant pas tout seul, quand on est mis dans la nécessité d'en gagner il faut travailler sans plaindre sa peine. Mais nous pouvons nous demander tout d'abord si ce coup de fouet était bien nécessaire.

L'Etat trouverait un moyen de supprimer toutes les charges dont il grève la population que celle-ci, sans le moindre doute, ne cesserait pas pour cela de s'évertuer à produire. On verrait encore des gens braver le soleil et la pluie pour labourer la terre. On verrait encore des industries multiples occuper des milliers d'ouvriers. On continuerait encore à se livrer au commerce.

·Et cela pour une raison bien simple : c'est que, comme il faut vivre, force est de travailler et que, même après qu'il a gagné son pain et celui de sa famille, l'homme n'est pas satisfait.

Il cherche à rendre son intérieur plus agréable. Il se procure certains plaisirs qu'il s'était refusés jusque-là. Il songe à ses années de vieillesse, et fait des réserves pour le moment où il devra renoncer au travail. Il voudrait assurer à ses enfants une existence plus facile que celle qu'il a connue. Singulière illusion de prétendre que, n'étaient les exigences fiscales de l'Etat, l'énergie nécessaire pour produire faiblirait peu à peu, que l'esprit d'entreprise se retirerait du sein de la com-

munauté et que chacun finirait, qui peut dire? par
se croiser les bras.

Et, d'autre part, n'est-ce pas se tromper gros-
sièrement sur ce qui constitue la prospérité d'un
pays que de la mesurer au chiffre atteint par la
production? En effet, la production représente une
valeur brute. Or, on .peut brasser beaucoup d'affaires sans que les affaires aillent bien pour cela.
Ce qu'il nous importe de savoir, c'est à combien
montent les frais généraux qu'il faut défalquer de
la valeur brute pour obtenir le rendement net du
travail national.

Un surcroît d'impôts obligera à une production
plus active, mais il pourra avoir pour effet de grossir démesurément les frais généraux. De la sorte
on aura beaucoup lutté, peiné, besogné, usé son
esprit et ses forces, et on aura surtout travaillé
pour le roi de Prusse.

N'eût-il pas mieux valu pouvoir s'arrêter à une
activité moins intense, mais plus rémunératrice?
A quoi bon abattre des montagnes de produits,
en expédier chaque jour de quoi charger dix
trains de marchandises, si, avec tout ce labeur,
vous avez de la peine à vivre, si le fameux stimulant tant vanté réduit outrageusement, ou va
même jusqu'à annuler les profits? On voit donc
comment, au lieu d'être une incitation au travail,
l'impôt peut se convertir en un obstacle redouta-

ble, voire même en une cause de ruine. A un cheval fourbu que peut l'éperon ?

Les faits d'ailleurs se chargeraient au besoin d'appuyer ici la théorie. Il n'y a pas longtemps que l'on nous parlait de paysans et de petits propriétaires italiens tellement écrasés par les charges publiques qu'ils se voyaient forcés de renoncer à l'exploitation de leurs terres. Ils aimaient mieux se laisser exproprier par l'État pour arriérés d'impôts, que de soutenir plus longtemps une lutte inégale. Et en combien de lieux n'a-t-on pas vu, par suite de l'augmentation générale du prix des choses, déterminée en grande partie par la lourdeur du régime fiscal, succomber, sans espoir de retour, des industries jadis florissantes ? Le précieux stimulant ne faisait pourtant pas défaut ; peut-être même a-t-il été trop énergique. Il y a des remèdes qui tuent les malades.

Les impôts provoquent l'effort. Mais ils ne sont pas seuls à posséder cette vertu. Les dettes, par exemple, peuvent rendre un service analogue. Il faut se donner beaucoup de mal pour se tirer d'embarras, quand on est traqué par ses créanciers. Quelquefois il est vrai, on y réussit, mais on eût pourtant encore mieux fait son chemin en restant privé du secours douteux que les dettes vous procurent. D'autres fois, grâce à elles, on succombe, et nous ne pensons pas que jamais on ait

eu la saugrenue idée de s'écrier : « Excellente
maison et qui fera de brillantes affaires, car
elle plie sous les obligations qu'elle a contrac-
tées »!

VII .

Suite des conséquences économiques : que c'est un sophisme de dire que l'argent dépensé par l'Etat est profitable parce qu'il reste dans le pays.

Abordons le second sophisme que nous avons énoncé : l'impôt étant de l'argent qui reste dans le pays, en d'autres termes qui n'est pas perdu pour la masse des contribuables, on ne saurait s'émouvoir du chiffre élevé qu'il est susceptible d'atteindre. Ce qui veut dire que la dilapidation des finances publiques vaut encore mieux qu'une économie trop rigoureuse.

Nous avons ici pour employer la spirituelle expression de Rossi, l'hymne de l'impôt. Mais que recouvre tout ce beau lyrisme ? C'est ce que nous allons voir.

L'impôt, affirme-t-on, reste dans le pays. Il est dépensé en deçà, et non au delà de la frontière. On pourrait le comparer à une plante qui rend au sol, sous forme d'humus fertilisant, les principes qu'elle en a tirés. Mais ce raisonnement se soutient-il un instant ?

Une population plie sous des charges de tout genre et de tout nom. Elle ne produit plus que chèrement. Elle se voit petit à petit évincée du marché international. Elle vend chaque année un peu moins à ses clients du dehors, mais elle continue pourtant à consommer à peu près la même quantité de denrées ou de produits manufacturés achetés à l'étranger.

Combien de temps pourra-t-on aller ainsi, c'est là une question que nous n'aborderons pas. Mais il faudra bien admettre, aussi longtemps que cette situation se prolonge, l'existence d'un courant qui emporte la richesse du pays vers d'autres rivages. Et c'est juste à ce moment que l'on vient prétendre que l'impôt féconde ! Cette déclaration n'aurait de sens que si l'on affirmait par là qu'il active les échanges ; or, c'est juste le contraire qui arrive.

On assure, d'autre part, que le gaspillage des finances publiques est péché véniel, un mal peut-être, mais sans conséquences bien fâcheuses. Ce n'est évidemment que de l'argent qui se déplace, qui passe d'une main dans une ou plusieurs autres, et toujours, bien entendu, sans déserter le pays.

On pourrait donc, à ce compte, fermer les yeux sur les dépenses budgétaires, supprimer tout contrôle, payer les travaux et les services de l'Etat deux ou trois fois ce qu'ils valent, et personne n'aurait le droit de se plaindre, pas même, semble-t-il, les contribuables qui verraient monter leurs cotes. Mais pour rendre ces choses plus palpables, donnons-leur une forme concrète.

Représentons-nous, par 'exemple, une municipalité qui veut faire construire un petit pont sur une rivière. Elle se laisse juguler par l'entrepreneur auquel elle a adjugé ce travail ; il lui extorque 20,000 fr. pour ce qui en vaudrait 10,000. Mais en outre, on s'y est mal pris, on a négligé des précautions essentielles, on a bâti trop à la légère, et voilà qu'un beau jour, après des pluies prolongées, la rivière roule en torrent et emporte le pont.

Il n'y a pas de mal, paraît-il, car, tout étant pour le mieux dans le meilleur des mondes, une somme de 20,000 fr. consacrée à un pont qui s'effondre, c'est dans l'ordre, c'est parfait. Il est bien vrai que ces 20,000 fr. jetés à l'eau c'était d'abord de quoi construire un pont solide qui, en supprimant un grand détour, eût épargné une perte fréquente de temps à de nombreuses personnes ; c'était, en outre, de quoi faire réparer le bâtiment d'école, qui est en fort mauvais état et dont il va falloir s'occuper sous peu. Mais aussi on a donné du travail pendant plusieurs semaines à un certain nombre d'ouvriers, et fait gagner de jolis deniers à l'entrepreneur qui n'a rien négligé pour se laisser enrichir.

C'est donc dans l'intérêt de ces ouvriers et de cet entrepreneur qu'une commune s'est saignée de 20,000 fr. qu'elle aura probablement empruntés et dont elle paiera chaque année l'intérêt, soit environ 1,000 fr., comme surcroît d'impôts. Il en valait bien la peine, vraiment! Ouvriers et entrepreneur auraient pu, pendant le temps qu'ils ont passé à exécuter un travail inutile à la société, s'occuper utilement ailleurs, créer de la richesse. Au lieu de cela, ils n'apportent rien et on se dépouille à leur profit. Autant payer des gens pour battre l'eau avec un bâton.

Mais on nous fera peut-être observer que toutes les personnes qui ont concouru à la construction de notre pont habitent la localité qui en a fait les frais, par où l'on prétend sans doute affirmer que l'argent qui leur a eté payé n'a pas émigré et que la commune n'est pas d'un sou plus pauvre après sa jolie mésaventure.

Nous savons déjà ce qu'il faut penser de l'argent qui n'émigre pas, qui reste au pays. Eh bien, admettons même cela. Supposons que l'on puisse, dans certains cas exceptionnels, interner de l'argent au sein d'une contrée donnée, comme s'il y avait autour de son territoire une barrière montant jusqu'au ciel et absolument infranchissable, et que cette fois le miracle ait eu lieu. Supposons encore que, si la commune a dû recourir à un emprunt, il aura été couvert en entier par les souscriptions de ses ressortissants, ce qui ne laisse pas d'être un fait assez rare. Nous n'en concluons pas moins à un appauvrissement.

En effet, on s'appauvrit non seulement quand on perd ce qu'on possède, mais encore quand on néglige les moyens naturels que l'on a de s'enrichir. Un propriétaire foncier qui se contenterait de demander à ses terres de quoi le nourrir, conserverait sans doute son domaine. Mais en aurait-il tiré tout le parti possible? Non, car si, au lieu de cela, il les force à produire, il sera chaque année plus riche de ce qu'elles lui auront rapporté en sus de son entretien.

Eh bien, voilà une commune qui, correctement administrée, aurait ajouté à l'ensemble de la richesse contenue dans ses limites, un pont neuf et la plus-value de ses locaux scolaires réparés,—deux accroissements de sa fortune pouvant être estimés à une somme de 20,000 fr. Il faudra bien convenir que si elle possédait cette valeur de 20,000 fr. elle serait de 20,000 fr. plus riche.

Admettons, encore une fois, que tout cet argent soit resté au pays. N'empêche qu'avant de l'avoir jeté dans une folle affaire, on avait 20,000 fr. *à dépenser* ; maintenant on a encore les 20,000 fr., mais *ils sont dépensés*, et l'on n'en peut plus rien attendre. A cela près, pas de changement dans la situation.

En général un accroissement d'impôts ne va guère sans un accroissement de fonctionarisme. Est-il nécessaire de faire voir qu'il y a là aussi, au point de vue économique, un mal social tout aussi sérieux que la dilapidation de l'argent de tous dans de folles entreprises ? Puisqu'il le faut, montrons-le, mais commençons par faire justice d'une exagération.

On s'exprime souvent sur le compte des fonctionnaires de l'État avec une sévérité inintelligente et brutale. On les met tous dans le même paquet. Et pourtant, ne se trouve-t-il pas, dans les services de l'administration, nombre d'employés dignes de la plus entière estime ? A quoi bon, d'ailleurs, envelopper dans une condamnation générale des hommes qui sont absolument indispensables à la tenue de tout ménage politique ?

Nous nous expliquons pourtant cet accès de mauvaise humeur. Le fonctionarisme est une excroissance morbide. Ce qui n'était qu'un instrument est devenu un but. Il fallait un homme pour la place, on a fini par faire la place pour l'homme. Où dix employés auraient suffi, il n'est point rare qu'on en ait mis vingt. On a créé souvent de véritables sinécures pour récompenser des services rendus au parti dominant. Les administrations publiques ont pu être ainsi comparées à des hôpitaux. Et le fait est que, tandis que dans les entreprises particulières il faut gagner son pain à la sueur de son front, ici le pain arrive sans qu'on l'ait toujours gagné.

Si du moins le gouvernement faisait toujours le bonheur de ceux qu'il favorise! Mais non, très souvent il les sacrifie. Combien n'en est-il pas parmi ses élus qui auraient pu faire une carrière beaucoup plus avantageuse en même temps que plus utile, et que l'on a arrêtés par l'offre d'un gagne pain facile? Plus facile encore qu'abondant, car, en multipliant les places, il n'y a guère moyen de les rémunérer convenablement. Si on eût mieux résisté à l'invasion, il aurait été possible, en exigeant davantage des employés, de les rétribuer mieux aussi. Au lieu de cela une foule de serviteurs de l'État ne vivent que péniblement, et l'État est loin d'être bien servi.

Il y aurait déjà, au point de vue des intérêts généraux du pays, les plus sérieux inconvénients à la formation d'une classe nombreuse de gens condamnés à une existence de gêne et de privations, alors que l'on pourrait mettre à la place un chiffre plus réduit de fonctionnaires recevant un salaire suffisant pour vivre, eux et leurs familles, dans une honnête aisance. Mais voici, au point de vue économique, l'inconvénient le plus grave du fonctionarisme.

Représentons-nous une entreprise industrielle à laquelle sont attachées 100 personnes, dont 90 travaillent à l'atelier pendant que 10 tiennent les écritures. Supposons qu'à un moment donné les 10 commis du bureau voient arriver·auprès d'eux 10 nouveaux commis tirés de l'atelier, où ils ne seront pas remplacés. Il est clair qu'à la suite de cette redistribution de son personnel, la maison produira moins, qu'elle verra diminuer ses bénéfices, étant admis qu'elle continue à en faire, et mettra son avenir en péril.

Il est bien certain, en effet, que le jour où se fondera à ses côtés une entreprise du même genre, organisée sur le pied où elle était elle-même, à l'origine, c'est-à-dire avec un commis aux écritures pour neuf ouvriers, elle se verra dans l'impossibilité de lutter avec elle.

Or, tout pays est dans une situation analogue à la manufacture dont nous parlons. Il ne peut prospérer qu'à raison du développement de ses forces productrices. Mais si l'on met sur les épaules des contribuables des charges nouvelles, c'est à peu près autant dont on prive le travail, sur lequel retombe en majeure partie le poids de l'impôt.

Il faut alors un effort plus grand pour créer de la richesse. Nombre de gens qui pourraient manier un outil se trouvent dépendre pour leur existence de l'activité d'autrui ; on ne peut produire que plus chèrement, et la concurrence se dresse comme une menace grandissante.

Si le fonctionnaire qui travaille est un excellent ouvrier dans le grand chantier national, celui qui occupe une place où il n'est pas nécessaire et que l'on pourrait dès lors supprimer sans inconvénient, est un frelon qui mange le miel des abeilles.

Du reste, ce que nous allons dire dans le prochain chapitre, complètera ces aperçus.

VIII

Suite des conséquences économiques : que c'est un sophisme de dire que l'impôt peut être payé surtout par les riches et servir à enrichir les pauvres.

Le troisième sophisme que nous avons à réfuter est celui qui consiste à dire que l'impôt peut être surtout demandé aux riches en épargnant les pauvres, en sorte qu'il tende à diminuer l'inégalité extrême des conditions dont J.-J. Rousseau, dans son célèbre écrit sur ce sujet, n'a pas été seul à s'émouvoir et à s'affliger.

Si l'on n'entendait affirmer que ce fait, si magistralement mis en lumière par M. Paul Leroy-Beaulieu dans son *Essai sur la répartition des richesses*, savoir qu'un des résultats les plus heureux de l'impôt est d'accroître progressivement le domaine public de l'Etat, de la province et de la commune, et de créer, au milieu de fortunes particulières une grande fortune collective dont profitent tous les citoyens, nous n'aurions quoi que ce soit à objecter.

Nous n'irions pourtant pas aussi loin que l'émi-

8

nent professeur du Collège de France lorsqu'il écrit que « de plus en plus la richesse sociale commune approchera en valeur de la richesse appropriée, pour un jour la dépasser » (¹).

Mais c'est là un point où les appréciations individuelles sont sujettes à varier. Toujours est-il que, déjà à l'heure où nous sommes, une quantité de créations des divers pouvoirs de l'Etat — par exemple, les jardins, les parcs et les bains publics, les bâtiments d'écoles, les musées, les hôpitaux et les asiles — constituent un capital social fort important, qui tend effectivement à affaiblir les disparates souvent choquantes qui règnent entre les grandes fortunes et l'indigence, et dont profitent surtout, entre les différentes classes de la population, celles qui vivent dans la gêne ou dans une demi-aisance.

Si c'était là l'égalisation des richesses que l'on a en vue, encore une fois nous ne saurions que la constater et nous en réjouir.

Mais on veut dire autre chose. Dans un langage un peu vague et que l'on ne tient pas à rendre plus précis, car toute vérité n'est pas bonne à dire tout entière, on donne à entendre que l'impôt va prendre dans la poche des riches une somme annuelle plus ou moins forte qu'il fait passer dans celle des pauvres ; qu'il opère une nouvelle distri-

(¹) Troisième édition, p. 483.

bution des richesses reconnue indispensable, puisqu'il est dûment établi que les lois économiques, laissées à leur libre cours, les répartissent d'une manière fort défectueuse, et que la nature ne s'est pas chargée de résoudre le problème sans que l'homme s'en mêlât.

Seulement, pour arriver au résultat annoncé, nous ne voyons qu'un seul moyen. Il faut sortir franchement de la conception de l'Etat individualiste actuel, pour entrer, toutes voiles dehors, dans celle du socialisme, mais, nous nous entendons, du socialisme radical, subversif, rénovateur de ce vieux monde agonisant, et qui renversera, sans en rien laisser debout, l'organisation « capitalistique » actuelle, pour employer le cliché consacré. Est-ce là ce que l'on veut ? Entend-on remettre à l'Etat tous les instruments de la production : le capital, les outils et les machines, la terre et les bâtiments ? Va-t-on faire un essai d'application du système collectiviste tel que l'a conçu Karl Marx et que l'un de ses interprètes, qui est lui-même un maître, le savant Schæffle (¹), l'a développé après lui ? Ou bien, en est-il un autre propre à conduire

(¹) Il ressort d'un article de M. Emile Durkheim, paru dans la *Revue d'économie politique* (année 1888, n° 1) et soumis en épreuves à M. Schæffle, que l'auteur de *Bau und Leben des socialen Körpers* ne croit pas à l'excellence du collectivisme marxiste. On avait fait grand état de son adhésion à cette théorie. Un petit traité de propagande avait même été extrait de son œuvre et publié sous le

au but et qu'on lui préfère : le demi-collectivisme
d'Henry George, par exemple, autrement dit la
nationalisation du sol ?

Si l'on nous répond : « Oui, nous voulons bouleverser la société, la renverser de fond en comble
pour la relever sur de nouvelles bases ; nous prétendons, en effet, placer aux mains de l'Etat tout
ou partie des instruments de la production, » eh
bien, nous attendons de voir à quoi on arrivera. Il
nous est impossible, quant à nous, et pour les plus
sérieuses raisons, de croire au succès de l'expérience, mais nous nous expliquons néanmoins, en
tenant compte du mirage de l'utopie, que certains
esprits puissent souhaiter la voir se faire.

Que si, au contraire, on nous répond : « Non,
nous entendons rester dans la conception de l'Etat
actuel, qui reconnaît le droit de propriété, » alors,
nous le déclarons sans arrière-pensée, nous regardons comme absolument vaine la tentative à laquelle on va se livrer pour améliorer le sort des
classes inférieures.

titre : *La Quintescence du socialisme* (traduction française par B.
Malon).

C'est à tort, paraît-il, que la démocratie sociale a présenté
le troisième volume de son grand ouvrage comme « une démonstration de la possibilité du socialime démocratique et nive-
leur. »

Il est bon d'être averti, car nous avouons que l'on pouvait se
méprendre sur les sentiments intimes du célèbre publiciste.

Nous indiquerons les motifs de cette opinion, sans nous flatter pourtant de convertir tout le monde à notre manière de voir. Il nous faut, en particulier, renoncer à ébranler certains hommes politiques qui comptent fort, pour asseoir leur popularité auprès des masses, sur un petit bout d'oripeau socialiste. Ils y tiennent, et leur fût-il démontré qu'ils se paient de mots, qu'ils ne peuvent arriver au résultat qu'ils annoncent, ils continueraient à répéter que le mandataire du peuple a pour mission de faire descendre jusqu'au pauvre le superflu du riche.

Tout d'abord, nous aimerions à savoir où pareille chose s'est réalisée par la volonté de l'État dans des proportions qui lui donnassent quelque portée. Nous pourrions, il est vrai, parler de certains pays tiraillés entre des intérêts rivaux et où une partie des citoyens se sont ingéniés à rejeter tout ce qu'ils ont pu des charges qui devaient leur incomber, sur une autre catégorie mise en minorité, laquelle n'a pas manqué de se plaindre mais qu'on a laissée crier.

Tantôt, par exemple, ce sont les villes qui instituent un régime fiscal très dur pour les campagnes, ou *vice versa*. Tantôt c'est une province que les autres parties de la nation immolent à leurs intérêts. Nous conviendrons bien que ceci est le triomphe de l'arbitraire, le règne du plus fort; ce n'est pourtant pas encore l'enrichissement du pauvre par le riche que l'on préconisait.

Mais comment ! nous dira-t-on, vous ignorez donc que certains Etats ont introduit dans leur régime fiscal un impôt progressif, et qu'au moyen de cet instrument les pouvoirs publics tirent le plus clair de leurs ressources des contribuables les plus aisés. On prend où il y a, comme on dit. Or cela, n'est-ce pas l'argent des riches qui retombe en averse bienfaisante sur les classes moins favorisées de la fortune ?

Nous connaissons, en effet, l'impôt progressif, et nous oserons avouer, malgré l'excommunication majeure dont l'ont frappé plusieurs économistes placés au premier rang, que nous ne lui jetons pas l'anathème. Nous le regardons comme parfaitement légitime, car nous trouvons très naturel que l'on tienne compte dans la fixation de la quotité des charges publiques de la facilité plus ou moins grande que les contribuables ont à les acquitter. Nous lui demandons seulement d'être modéré. Mais c'est là une condition que nous mettons à tous les genres d'impôts. Il n'en est aucun qui, poussé trop loin, ne prenne le caractère d'une confiscation.

Eh bien, que se passe-t-il là où l'impôt progressif a été dirigé avec des intentions manifestement hostiles contre les grosses bourses ? On a chassé du pays quelques-unes de ces grosses bourses qui ne se prêtaient pas à être trop malmenées. On a provoqué un certain nombre d'arrangements de famille consistant à diviser les grandes fortunes, de manière à faire rentrer dans des catégories de taxation inférieure les degrés les plus élevés du capital imposable. On a enlevé à certaines personnes fixées à l'étranger et possédant un joli avoir, tout désir d'immigrer sur un sol si inhospitalier à la richesse, fût-il celui de la patrie, embelli de tout ce que le culte des souvenirs, les beautés de la nature ou les agréments de la vie lui donnaient d'attrait. Pour toutes ces raisons — et il en est d'autres encore qui concourent au même effet — l'impôt progressif, que l'on s'était représenté comme devant produire un immense rendement, a trompé l'attente de ses promoteurs.

Mais, montrons-nous généreux. Admettons qu'il ait tenu toutes ses promesses, que les évaluations auxquelles on s'était livré aient été atteintes, dépassées même, et que les grosses fortunes, ce qui peut en effet arriver, aient contribué pour une part sensiblement plus large que par le passé à fournir à l'État ses ressources. Sera-ce tout profit pour les masses dont on affirmait défendre la cause avec une si ardente sollicitude ?

On s'était d'abord flatté, en imposant les classes

aisées, qu'on ne ferait que diminuer un peu leur superflu ; mais qu'est-il arrivé ? Atteints dans les sources vives de leur fortune et voyant baisser leur revenu, les riches se sont demandé ce qu'ils pourraient retrancher de leurs dépenses pour regagner ce qu'on leur prenait.

Ils ont compté plus serré que par le passé ; ils se sont montrés moins enclins à encourager les industries nationales dont l'avenir n'était pas parfaitement assuré ; ils ont moins fait construire ; ils ont moins donné aux beaux arts et à ce genre de luxe que la morale la plus austère ne saurait condamner, parce qu'il est un agrandissement de la sphère sociale ; ils se sont même quelquefois refroidis dans l'intérêt qu'ils portaient à certaines œuvres philantropiques.

Il était entendu qu'on devait les atteindre tout seuls et ne toucher qu'au trop plein de leur Pactole, et voilà que, par un contre-coup auquel il fallait s'attendre, ils réduisent leur ancien chiffre de dépenses, se défendent comme des malheureux qu'on égorge, mettent moins d'argent en circulation, occupent moins les gens qu'ils employaient, font moins gagner. Première surprise ! En voici une seconde :

En général, lorsqu'on se met à prendre où il y a, on donne à entendre que l'on prendra aussi peu que possible ou il n'y a pas. On fait miroiter aux yeux des populations laborieuses la promesse de certains dégrèvements, de certains allègements fiscaux.

Impôt progressif pour les riches, impôt rétro-gressif pour les autres : les deux propositions se complètent. Malheureusement il y a parfois loin de la coupe aux lèvres.

Les avantages qui devaient échoir aux classes populaires manquent à se produire. On avait promis plus qu'on ne pouvait tenir, plus peut-être que l'on ne savait pouvoir tenir. Il fallait faire voter un impôt progessif à échelle rapide. Pour y réussir, on n'a pas hésité à déchaîner les passions populaires, à exciter des convoitises malsaines, à tromper les naïfs.

Les petits, dont on allait, disait-on, améliorer la situation, bien loin de rien gagner aux change-ments fiscaux intervenus, y ont perdu. L'incidence des impôts fait retomber sur eux une partie des charges nouvelles que l'on s'était engagé à ne faire reposer que sur les riches, et les anciennes charges fiscales qu'ils avaient à supporter demeu-rent non diminuées ou réduites seulement dans une proportion insignifiante.

On est donc en droit de se défier des gouver-nements lorsqu'ils se font forts d'acheminer à une péréquation des richesses. Aussi longtemps que la propriété privée n'est pas abolie, tant que nous

vivons sous le régime de l'Etat individualiste, il
convient de n'admettre le nivellement des conditions que sous bénéfice d'inventaire. Sincères chez
quelques-uns de ceux qui les prodiguent, ces promesses nous ont tout à fait l'air, chez les autres,
les meneurs sans scrupules, de jouer surtout le
rôle d'appâts électoraux.

IX

Suite des conséquences économiques : que l'augmentation des dettes publiques est un obstacle à l'abaissement du taux de l'intérêt.

Il nous reste à considérer une dernière conséquence économique de l'impôt. Si nous l'avons
réservée pour la fin, quoi qu'elle se mêlât plus ou
moins à tout ce que nous avons dit précédem·
ment, c'est qu'elle aurait risqué, présentée plus
tôt, d'entraver notre marche.

Nous avons comparé l'impôt à une dette permanente contractée par le pays ; on pourrait l'as-
similer à une hypothèque pesant sur la fortune
nationale et dont les contribuables paient annuellement l'intérêt. Or, il y a plus encore ; la dette
existe réellement et l'impôt, sinon dans sa totalité
au moins pour une part plus ou moins forte, représente en réalité l'intérêt d'une dette. Il n'est
guère, en effet, d'administration publique à qui il
n'arrive de se procurer par l'emprunt des sommes
que ses ressources ordinaires, même en les suréle-
vant sensiblement, n'auraient pu lui fournir à un

moment donné et qu'il ne rembourse, quant il trouve moyen de faire de l'amortissement, que pour recommencer bientôt le même jeu de l'appel au crédit. C'est le rocher de Sisyphe.

Les emprunts publics ne peuvent être toujours évités ni par conséquent condamnés. Aussi, n'est-ce pas au fait que nous nous en prenons mais à l'abus, et nous disons que l'un des résultats les plus clairs de ce régime est le suivant :

Les emprunts publics engouffrent une fraction importante de l'épargne. Comme ces placements sont en général d'une grande solidité, bien qu'ils n'assurent pas un intérêt aussi alléchant que celui que l'on pourrait obtenir dans des prêts à des particuliers, ils attirent les capitaux.

Mais tous ces millions, tous ces milliards confiés à la communauté sont autant que l'on enlève à l'industrie, à l'agriculture, au commerce, à l'art et à la science.

Ils resserrent les épargnes disponibles pour les entreprises diverses poursuivies en dehors de l'État, et, comme de raison, les personnes disposées à accorder à ces dernières leur appui financier profitent de la situation. La loi de l'offre et de la demande leur est favorable et elles exigent un loyer plus élevé de leur argent.

On voit par là ce qui arriverait le jour où la sagesse administrative prenant le dessus, les différents pouvoirs enraieraient efficacement les emprunts. Le taux de l'intérêt tomberait.

Nous ne saurions entreprendre de montrer ici que cet événement contribuerait à un haut degré au bonheur général. Bien qu'elle ait été contestée par des économistes de diverses écoles, cette conclusion s'impose, et nous renvoyons pour la démonstration aux belles études de M. Paul Leroy-Beaulieu (¹). Il suffira de rappeler en ce moment, que l'un des griefs les plus sérieux que font entendre les apôtres du socialisme, c'est la difficulté pour l'ouvrier de trouver de l'argent à un prix modéré. Il pourrait offrir des garanties sérieuses, qu'il lui est souvent impossible d'utiliser le crédit, parce qu'il lui coûte trop cher. Il faut donc voir dans l'abaissement progressif du taux de l'intérêt une des solutions les plus pratiques du problème si complexe désigné sous le nom de question sociale.

L'économiste que nous venons de nommer regarde comme très vraisemblable que « dans un délai d'un demi-siècle, l'intérêt des capitaux dans l'Europe occidentale tombe à 1 $^1/_2$ ou 2 $^0/_0$ pour les placements à long terme de première sécurité » (²). Nous appelons de tous nos vœux cette grande révolution qui, dans la rivalité entre le

(¹) Essai sur la répartition des richesses, chap. IX.
(²) Ouvrage précité, p. 257.

travail et le capital, relèvera le premier sans ruiner le second, attendu qu'il y aura pour celui-ci des compensations à sa déchéance.

Mais pour que la prophétie s'accomplisse, il faut, entre autres choses, que les gouvernements, à tous les degrés de la hiérarchie administrative, ne recourent à l'emprunt qu'en cas d'absolue nécessité.

Nous en revenons encore, comme on le voit, et toujours, à l'économie dans l'emploi des deniers publics. Benjamin Constant n'avait donc rien exagéré. Tout impôt est bien, en effet, un « mal nécessaire », et un économiste d'outre-Rhin en donne de son côté la raison dans une autre parole sur laquelle nous finirons : « la somme des impôts, écrit-il, est la fortune des sujets ». Nous dirons plus démocratiquement, et en restant du reste dans la pensée de l'auteur : la fortune des particuliers (¹).

(¹) « Allgemeine Steuerlehre » par J.-A.-R. Helferich, 2ᵉ partie, p. 152 du *Handbuch der Politischen Oekonomie* de Schönberg.

X

Conséquences morales : que l'impôt peut devenir un
vol dissimulé. — Spoliés et spoliateurs.

L'accroissement indéfini des impôts est gros,
comme on voit, de conséquences économiques.
Mais il n'y a pas uniquement des considérations
de cette nature à faire valoir. Après les conséquences économiques, il faut dégager les conséquences morales.

A partir de la limite où ils servent à défrayer
les services publics, les impôts deviennent un vol
plus ou moins habilement déguisé. La façon de
s'approprier un bien qui ne vous appartient pas
ne change rien au fond des choses. Que l'on soit
détroussé par un vulgaire bandit qui vous atten-
dait au tournant du chemin ou par un élégant
filou ganté de frais, et qui vous dupe en respec-
tant tous les dehors de la civilité ; que l'on soit
exploité par un individu ou par une coterie, cette
dernière fût-elle formée de magistrats régulièrement désignés par le peuple, c'est tout un. Or,

comme dans toute extorsion il y a en présence deux parties, un spolié et un spoliateur, nous les considérerons successivement.

Le contribuable à qui l'on enlève une partie de son revenu personnel pour un objet autre que le service réel de l'Etat, a le droit de se plaindre du tort qui lui est fait. Il n'est pas nécessaire pour cela qu'on lui ait soustrait des sommes importantes. Peu importe également sa situation de fortune : le caractère délictueux de l'acte tient à l'acte lui-même et non aux circonstances dans lesquelles il a été commis.

Frustrer un riche, encore qu'il serait dix fois millionnaire, ou dévaliser un misérable des quelques centimes sur lesquels il comptait pour payer son maigre repas, c'est dans les deux cas s'approprier le bien d'autrui et se placer sous le coup du code. Malgré les progrès de la civilisation, nous ne sommes pas encore arrivés à ce point où il serait licite d'enfoncer la porte d'un homme qui vit au large, parce qu'un tel attentat ne le mettrait pas sur la paille.

Nous sommes donc fondé à réclamer au nom de tous nos clients, les contribuables quels qu'ils soient, contre les gouvernements qui attentent à leur propriété.

Les riches doivent désirer de rester les maîtres de tout l'argent qui leur appartient. Au lieu de livrer au fisc des sommes destinées, non à défrayer les besoins du pays, mais à défendre les intérêts d'une coterie politique, ils les garderont par devers eux. Ils leur donneront telle affectation qu'ils voudront. Ils les feront servir à leur agrément ou à soutenir des œuvres de bien public qui n'ont jamais trop de ressources ; ou bien ils les capitaliseront et grossiront ainsi ce fonds précieux de l'épargne qui s'en va, par le monde, susciter en tout lieu le travail utile et concourir à répandre un surcroît de bien-être dont chacun profite. Quelque emploi qu'ils en fassent, ils useront de leur droit de les dépenser eux-mêmes, et tout vaudra mieux que de se laisser dépouiller sans raison (¹).

Mais il n'y a pas que des riches dans un État. La grande majorité de la population est formée de gens qui ne roulent pas sur l'or. Ce sont des ouvriers souvent chargés de famille, et pour lesquels le souci de la vie matérielle devient, à certaines heures, un tourment ; ce sont des employés, des commerçants, des petits propriétaires ou des petits rentiers qui attrapent le bout de l'année, mais non sans peine, et chez lesquels, si l'on jouit d'une certaine aisance, on n'est pourtant pas étranger à toute privation.

(¹) Voir un judicieux et piquant article de M. Charles Gide « A quoi servent les riches,» dans la *Revue de théologie pratique et d'homilétique* (du 15 octobre 1887, Fischbacher, éditeur).

Nous croyons avoir montré que les impôts, alors même qu'ils paraissent peser sur les riches, frappent tout autour et se répercutent à l'infini, et que, plus on descend dans l'échelle de la fortune, plus leur poids se fait sentir, plus ils ajoutent aux difficultés de l'existence.

Eh bien, nous le demandons avec confiance à tout homme de bien, n'y a-t-il pas mieux à faire pour un gouvernement que de disputer à ses administrés, ici des jouissances acquises au moins en grande partie par l'ordre et le travail, là le pain durement acheté qu'ils mangent, et dont ils n'ont pas toujours à leur faim ? Nous ne saurions, quant à nous, nous empêcher de le croire.

On parle beaucoup aujourd'hui, par des motifs divers dont quelques-uns honorent ceux qui s'en laissent toucher, de la question ouvrière, et les gouvernements sont presque partout des premiers à témoigner de la sympathie qu'ils vouent au relèvement des classes pour lesquelles la destinée s'est montrée sévère. Sous l'empire de faits nouveaux qui ont pris une importance considérable, et parmi lesquels il faut surtout distinguer la concurrence redoutable faite par la production extra-européenne aux produits du vieux monde, on s'occupe aussi de la question agricole.

Nous n'apprendrons à personne qu'en mainte contrée, au nord comme au sud, à l'ouest comme à l'est, la population des campagnes traverse en ce moment une période de crise intense, qui va même, en plusieurs lieux, jusqu'à en décimer les rangs au profit de l'émigration vers les villes ou vers les pays nouveaux.

En présence de ces deux questions, nous n'hésitons pas à déclarer qu'un gouvernement qui se permet des dépenses inconsidérées est l'ennemi le plus dangereux de tous ceux auxquels il est aujourd'hui au moins de bon ton de vouer sa sollicitude. Il a beau protester de son intérêt pour leur sort, nous le mettons à pis faire.

Après avoir considéré principalement jusqu'ici le spolié, que dirons-nous du spoliateur ?

Quelle idée se fait-on naturellement du magistrat dans une démocratie ? On se le représente comme étant par dessus tout préoccupé du bien général, et n'ayant d'autre ambition que de faire régner autour de lui la prospérité, l'ordre, l'harmonie des intérêts et la concorde. On se le représente comme se mettant à la disposition de son pays, mais ne s'imposant pas à lui : le souvenir de Cincinnatus qui ne quittait le pouvoir que pour retourner joyeusement à sa charrue, revient ici à la mémoire. On ne se le figure pas comptant sur ses succès dans la politique pour vivre, et moins encore pour s'enrichir. Il nous apparaît comme esclave du devoir, indépendant dans ses opinions, sincère dans son langage, *vir bonus*, comme on disait autrefois, homme de bien dans toute l'étendue du terme. Au lieu de cela, que voyons-nous si souvent ?

La politique devient un métier. On n'y est pas, il est vrai, toujours grassement payé, mais les avantages immédiats se bonifient de petits profits indirects. Elle donne de l'influence, on est quelqu'un, et il y a tant de gens qui ne seraient rien sans elle. Aussi bien, on s'en sert pour amener de l'eau à son moulin. Et puis la besogne est intéressante, variée. Elle est loin d'exiger le même acharnement au travail, les mêmes efforts soutenus, le même sérieux en affaires, les mêmes garanties de respectabilité que les entreprises privées. On peut être impropre à autre chose, avoir usé tous les autres moyens de succès, et y réussir. Les qualités réclamées sont de celles qui ne supposent ni une supériorité véritable du caractère, ni un talent transcendant. Il a suffi bien souvent d'une certaine facilité à parler ou à se taire, d'une connaissance générale bien qu'assez superficielle des affaires, accompagnée de cette habileté à se ménager des amitiés et des alliances et à savoir se pousser, qui peut suppléer aux lacunes les plus graves, pour réussir au delà de tout ce qui paraissait humainement possible. Mais pour arriver à ce résultat, que de compromissions, que de trahisons, que d'impudents mensonges, que de bassesses de cœur, que d'actions mauvaises il a fallu se permettre ! Et y a-t-il lieu de s'étonner si, dans nombre de démocraties, les hommes qui se vouent à la politique — eussent-ils même des intentions pures — sont flétris du nom de politiciens ?

Il a fallu s'adjoindre à un parti. Ce parti a élaboré sa plateforme politique. On y a introduit un certain nombre de principes dont on faisait des gorges chaudes à part soi, et certaines opinions de circonstance auxquelles il n'était pas nécessaire de croire en son for intérieur, mais qu'il était obligatoire de professer, au moins jusqu'à nouvel avis. Un beau jour on revise ce programme-profession de foi ; on en fait disparaître tel dogme qui avait tenu antérieurement la place d'honneur et dont l'acceptation permettait de juger de l'orthodoxie d'un homme. Nombre de citoyens ont été voués aux gémonies pour n'y avoir pas cru, mais maintenant il n'est plus nécessaire d'y adhérer ; le sacré collège chargé de mettre au point la doctrine de la petite secte a prononcé. Que faire ? On suivra le mot d'ordre, et comme on avait souscrit, sous la pression de la discipline du parti et sans un examen de conscience bien approfondi, à l'ancien credo politique, on se rangera aux exigences de sa dernière édition revue et corrigée.

Une autre fois, il pourra arriver que l'on reprenne, pour son compte propre, une doctrine qu'hier encore on combattait avec une enragée et hypocrite passion, pour cette seule raison qu'elle figurait sur le programme du parti adverse, et cette même doctrine sur laquelle on ne cessait de déverser son dédain ou sa bave, on la proclamera le palladium qu'il faut défendre à tout prix, une des assises de l'ordre public, l'idée sacro-sainte et patriotique. Une simple pirouette, et le changement de front sera opéré.

Et pendant tout ce temps, on se sert, sans compter, de l'argent des contribuables pour rallier à son parti un nombre aussi grand que possible d'adhérents. On assure des places à ses lieutenants ou sous-lieutenants, à ses amis ou aux amis de ses amis, et, à titre d'exception, à quelques adversaires, afin de se donner des airs d'impartialité, et lorsqu'elles viennent à manquer, ce qui arrive toujours trop tôt, on s'ingénie à découvrir tout à coup de nouveaux besoins qui réclament une extension des services publics. On exécute, pour le plus grand bien des différentes parties du pays, des travaux publics destinés en première ligne, ou accessoirement, à servir de réclame électorale, et pour lesquels on lésine d'autant moins sur la dépense qu'ils sont confiés, le plus souvent, à des entrepreneurs de la coterie dirigeante qui sauront, à l'occasion, rendre bons offices pour bons offices.

Qu'à ce jeu-là on réussisse facilement à déséquilibrer le budget, c'est ce dont nul ne s'étonnera, mais nécessité est mère de l'industrie et les fins joueurs se gardent à carreau.

Pour se tirer d'embarras, le parti gouvernemental ne répugnera pas à recourir à des expédients qui jurent avec l'honnêteté la plus vulgaire et qui, transportés du monde de la politique dans celui des affaires, feraient jeter les hauts cris. On réclamera, pour une entreprise quelconque, des crédits que l'on sait être absolument insuffisants et qui seront ensuite outrageusement dépassés : histoire de dorer la pilule, car de dire toute la vérité eût risqué d'effrayer, et il fallait avant tout forcer la main aux hésitants. On opérera d'habiles virements de fonds. On jonglera avec les chiffres. On présentera un état financier combiné avec un art exquis et qui fera voir la situation sous un jour aussi faux que favorable.

La presse officielle et officieuse secondera la mystification : nous sommes assez familiarisés avec la physiologie des partis pour comprendre cette tactique et nous expliquer son succès momentané. Nous assistons de temps à autre, les jours de discussion du budget, à une innocente passe d'armes que le télégraphe résume en ces mots :

« M. X (de l'opposition) critique vivement la politique financière.

« M. Y, au nom du gouvernement, s'applique à démontrer que jamais l'état des finances n'a été plus satisfaisant. »

Et vogue la galère!

Elle voguera la galère, jusqu'au moment où l'on sera descendu si bas qu'il faudra coûte que coûte rabattre un peu de son optimisme et chercher de nouvelles ressources. Mais comme c'est là une tâche ingrate, pourquoi n'irait-on pas demander à l'opposition, qui a tant gémi sur les déficits et les emprunts, de prendre cette initiative? Rien de plus simple, et elle se sentira flattée de voir qu'on recherche son concours.

Si tôt dit, si tôt fait. On passe la main à l'opposition, en se réservant seulement d'intervenir au moment opportun en faveur de ces chers contribuables qu'elle pourrait frapper d'une main trop lourde, immoler sans pitié.

L'opposition remettra donc le budget d'aplomb, mais elle aura du même coup causé du mécontentement. Vivent ceux qui dépensent, mais arrière à ceux qui avisent aux moyens de régler la note : ils récolteront l'impopularité. Et, en effet, il ne faut pas longtemps pour que, son œuvre réparatrice terminée, l'opposition soit rejetée dans l'ombre, à son rang effacé de minorité modératrice et impuissante.

Dans un livre très remarqué, publié dernièrement en France, on a pu imprimer que, sur 800
membres du parlement, plus du tiers, peut-être
plus de la moitié, étaient gens à se servir de leur
position politique pour poursuivre des intérêts privés, et nous n'avons pas appris qu'on ait relevé
l'assertion. Ceci donne la mesure de la confiance
que peuvent inspirer les partis au pouvoir.

Il est vrai que la politique n'a pas partout ce
caractère démagogique. Nous reconnaissons, par
exemple, que, dans les petits pays, le mal que
nous signalons est moins accentué que dans les
contrées d'une certaine étendue où les affaires se
traitent dans une capitale éloignée, hors du contact
des populations, loin de tout contrôle efficace de
leur part, et dans cette atmosphère nerveuse,
enivrante qui se développe dans les milieux sur-
chauffés de politique. Pour des raisons analogues, les administrations provinciales et plus encore les administrations communales offrent, à
l'égard des intérêts qui nous occupent en ce moment, des garanties généralement supérieures à
celles des administrations centrales. Nous pourrions citer l'exemple de certains petits territoires
où se sont perpétuées des habitudes de vie simple,
laborieuse, patriarcale, ainsi que le culte de la patrie, et où les finances publiques sont gérées avec
un soin et un désintéressement dignes de tout éloge.

Là tout le monde se connaît plus ou moins; la première qualité que le peuple demande à ses mandataires est une réputation d'intégrité, et le métier de politicien devient pour ainsi dire impossible.

Mais le danger existe partout; il existe aussi dans tous les ressorts. Ainsi il n'est point rare qu'une administration régionale, voire même une simple commune, usant et abusant de la liberté qu'elle a d'élargir son budget, soit à l'aide de centimes additionnels au franc, soit d'une autre manière. devienne plus onéreuse pour la bourse des contribuables que ne l'est l'Etat lui-même. Nous aurions cent exemples pour un à citer, et, si les choses vont mal en France, elles vont quelquefois plus mal ailleurs.

Nous pensons que l'on aurait quelque peine à infirmer la portée des réflexions que nous venons de présenter. Voici pourtant une façon de couvrir notre voix. On pourra nous accuser de manquer de respect aux gouvernements établis, aux élus du peuple, aux représentants légitimes du pays. Mais nous n'acceptons pas le reproche.

Nous soutenons qu'avec la meilleure volonté du monde, on ne saurait respecter que ce qui est respectable, et nous ne voyons pas trop où sont les rares mérites que nous devrions exalter chez les hommes qui viennent de nous occuper.

Nous ne nous enquérons pas en ce moment de leurs vertus privées, qui sont souvent très réelles. Plusieurs d'entre eux sont peut-être de bons pères, de bons époux, des amis sûrs, des personnes aimables et serviables, mais ce ne sont pas leurs titres domestiques qui sont ici en question. Nous ne considérons en ce moment que le mandataire du peuple. Or, dût une indulgence malsaine et coupable à nos yeux, blâmer notre sévérité, nous tenons que des magistrats qui se laissent dominer par un intérêt de parti ou par des ambitions personnelles au point d'aliéner leur liberté, de ne plus distinguer entre le bien et le mal, de s'associer à une foule de sottises et de perfidies et de contribuer sciemment, si ce n'est à la ruine, du moins à l'appauvrissement et à la déchéance de leur pays, ne sont ni des héros ni même de parfaits honnêtes gens.

Nous ne prétendons pas — que l'on nous entende bien — que de meilleures finances publiques mettraient fin comme par enchantement à tout ce que la politique actuelle offre de démoralisant et d'abject. Nous savons aussi bien que personne que, même en admettant un état de choses où il deviendrait impossible aux partis de se servir de l'argent des contribuables dans un intérêt inavouable, la soif des honneurs, les jouissances du pouvoir, les rivalités d'amour propre et le favoritisme ne disparaîtraient pas du milieu des hommes. Mais il faudra bien convenir que s'il y avait moins d'argent disponible pour acheter les sympathies et payer les services, que si les hommes investis de la confiance de leurs concitoyens et organisés en un véritable syndicat d'intérêts privés se sentaient moins libres de faire danser l'anse du panier, que si les frais généraux de l'administration publique étaient établis avec la même rigueur que les comptes d'une maison de commerce respectable, la politique serait, à n'en pas douter, infiniment plus noble, nous allions dire plus propre.

Et ce qui serait aussi beaucoup plus édifiant, c'est l'exemple donné aux masses par ceux-là mêmes qui devraient ne leur enseigner que l'honneur et le devoir. Ils s'assurent, disions-nous, les adhésions à prix d'argent et de faveurs. Ils placent constamment les citoyens dans l'alternative de choisir entre l'amour pur et désintéressé du pays et l'allégeance à un parti

> qui prodigue ses biens
> A ceux qui font vœu d'être siens.

Alors que dans les affaires privées c'est un principe élémentaire de régler sa dépense sur son revenu, ici pas de règle. Le ménage de l'Etat va comme il peut, s'endette, se charge, engage l'avenir, nourrit souvent le parasitisme aux frais des gens qui travaillent, comme si tout cela ne tirait pas à conséquence. On ira même plus loin, et l'on pourra voir non pas la vertu, mais la fraude récompensée. Rien de plus fréquent, par exemple, que des administrations qui maintiennent à des postes importants des personnages convaincus de malversations, et cela grâce au fait que ce sont des amis du pouvoir et que découvrir le pot aux roses produirait une fâcheuse impression sur le public. Nous avons par devers nous tout un dossier de scandales récents de ce genre, absolument avoués par les gouvernements eux-mêmes. Et, pendant ce temps, les tribunaux punissent des gens pour avoir dérobé un pain ou une pièce de dix francs. Nous ne prétendons pas que les tribunaux aient tort, mais que penser d'une société où l'on sévit contre les voleurs et où l'on récompense les gredins ?

De la sorte la politique devient une grande école de démoralisation, d'énervement et d'abaissement des caractères, car elle laisse croire que tout ce que l'on respecte dans la vie privée : honnêteté en affaires, véracité, loyauté, peut être impunément foulé aux pieds dans la vie publique, que le bien est chose toute relative, affaire de convenance, de circonstance.

Et ce qui conspire encore à pervertir le droit sens populaire, c'est l'hypocrisie dont s'accompagnent les abus que nous venons de signaler. Les détenteurs du pouvoir ne négligent rien de ce qui peut rehausser l'idée que l'on se fait de leur respectabilité. Ils prêtent solennellement le serment de leur office. On pourra même les voir, sur la Bible grande ouverte, prendre Dieu à témoin qu'ils feront leur devoir et tout leur devoir. Ils votent des crédits pour les églises chargées de former les populations à la pratique des plus saintes vertus. Ils donnent une place dans les programmes scolaires à l'instruction morale et civique. Ils rédigent des proclamations et des manifestes où ils font appel aux grands sentiments, prêchent le patriotisme, parlent en apôtres. Mais comme toutes ces préoccupations idéales cadrent bien avec l'ensemble de leur conduite !

« L'hypocrisie, disait La Rochefoucauld, est un hommage que le vice rend à la vertu. » Or, la sincérité vaut encore mieux que l'hypocrisie, et l'hypocrisie peut devenir du cynisme.

En conclusion, nous dirons donc bien haut que les gros budgets gonflés artificiellement, par suite de la captation opérée par le parti au pouvoir d'une partie de l'argent recueilli pour le service du pays, constituent une prime payée à la mauvaise foi, au lucre, au charlatanisme des meneurs d'hommes, et quand nous considérons, d'un côté les victimes très dignes d'intérêt de ces gaspillages, de l'autre la ligue de rapine collective par laquelle ils sont journellement commis, nous nous croyons autorisé à déclarer que la morale publique exige la répression de ces désordres (¹).

(¹) Le grand économiste dont l'Allemagne fêtait l'an dernier les cinquante ans de professorat, M. W. Roscher, a souvent insisté, notamment dans son *System der Finanzwissenschaft*, sur ce côté éthique de l'impôt, qui nous paraît avoir été en général trop négligé par les hommes d'Etat et même par les investigateurs scientifiques indépendants. Nous pensons comme lui qu'il faut tenir compte « aussi bien de l'influence de l'impôt sur la moralité que de son influence sur les finances publiques ». L'impôt ne doit jamais être considéré seulement au point de vue économique pur.

XI

Conséquences touchant au droit public : que l'impôt
peut réduire à néant les garanties légales dont est
entourée la propriété privée.

Il nous reste à considérer l'aggravation des impôts sous un troisième et dernier aspect, qui n'est
que le prolongement du précédent : dans ses conséquences au point de vue du droit public. Il suffira pour cela de quelques mots.

Que l'on songe à cette anomalie. Les constitutions, les lois et les codes consacrent de la manière
la plus formelle et la plus positive, le droit de propriété privée. Ils la reconnaissent expressément,
ils l'entourent des garanties les plus fortes. Quiconque y porte atteinte s'expose, comme on sait,
à être appréhendé au corps, conduit en prison,
jugé et condamné. Ces idées-là sont à la base de
l'ordre social actuel, et c'est surtout en vue d'elles,
afin de les faire passer de la théorie dans la pratique, qu'a été instituée cette vaste machine de répression qui embrasse la police, les tribunaux et
les maisons de détention. Il faut croire que ces

principes ne sont pas contraires au droit naturel, car, non seulement ils sont universellement
admis chez les peuples civilisés, mais encore ils
inspirent nos jugements sur les personnes et sur
les actes. Un homme qui s'approprie le bien d'autrui est mis au ban de la société. Il n'est rien
qu'un père et une mère répriment avec plus de
sévérité dans l'éducation de leurs enfants que les
détournements, si minimes soient-ils. Appliquer à
quelqu'un le qualificatif de voleur, c'est le marquer
du signe de l'infamie si le reproche est mérité,
c'est le calomnier de la manière la plus grave et
la plus grosse de conséquences s'il ne l'est pas.
Dans le fait, le titre de propriété se présente
comme un corollaire de cette proposition axioma-
tique que celui qui produit la richesse en demeure
le maître et peut en disposer à son gré : *jus utendi
et abutendi*, pour employer le langage des anciens
jurisconsultes.

Par cette reconnaissance d'un droit cher au
cœur de chacun, l'État rend hommage à la sain-
teté du travail; il stimule l'effort individuel, qui a
besoin de pouvoir compter sur la récompense des
peines dépensées, et il encourage l'épargne. A
bien voir les choses, c'est la liberté humaine qu'il
honore de cette manière. L'esclave n'a rien en
propre. L'aptitude à posséder est comme l'épa-
nouissement de la personnalité.

Le droit dont nous parlons n'est soumis qu'à
deux espèces de restrictions. Les membres d'une
démocratie sont tenus de participer aux dépenses
de la nation, alors même qu'elles auraient servi
partiellement à des buts qu'ils n'approuveraient pas.
Vous auriez vu d'un mauvais œil l'Etat s'engager
dans des travaux publics dont l'utilité vous paraissait douteuse, fonder des écoles dont le besoin
était contestable, se lancer dans des entreprises
coloniales ou une guerre étrangère des plus ris-
quées, que vous n'en êtes pas moins tenu d'apporter votre part des frais. Un peuple est une personne morale, et quand la majorité dans son sein
s'est prononcée politiquement ou administrative-
ment, la minorité doit suivre. Il ne saurait être
question, par exemple, de ne faire payer les routes nouvelles qu'aux personnes qui auraient déclaré vouloir s'en servir.

Cette faculté de sécession n'est pas plus admissible devant le fisc que devant les lois générales,
dont plusieurs sont de nature à mécontenter
nombre de gens.

Mais si les particuliers sont taxés au prorata
des besoins du pays, aucune législation n'a jamais
dit qu'ils pussent l'être en vue de favoriser des
intérêts particuliers, ce qui équivaudrait à nier la
propriété privée.

Il peut arriver aussi, et il arrive fréquemment,

qu'une création ayant un caractère d'utilité générale, telle par exemple qu'un parc ou un chemin
de fer, exige la cession par un particulier d'un
terrain ou d'une construction. Mais si celui-ci ne
se souciait pas de se déranger dans l'intérêt de la
communauté, se laisserait-on arrêter par cette
opposition? Évidemment non. En prévision de
cette éventualité, la loi a dû armer l'État. Elle l'a
autorisé à pratiquer ce que l'on appelle l'expropriation pour cause d'utilité publique.

L'expropriation laisse pourtant debout le principe de la propriété privée. Nous ne voyons
pas, lorsqu'elle a lieu, l'État se substituer purement et simplement à la personne dépossédée,
c'est-à-dire la dépouiller et s'enrichir à ses dépens.
S'il prend son bien, c'est à la condition de le lui
payer à sa pleine valeur, et de la dédommager en
outre équitablement des torts indirects qui pourraient lui être causés. Le titre de propriété personnelle n'a pas été supprimé, il n'a fait que changer de forme.

Or voici que, nonobstant les doctrines admises
sur la légitimité de la propriété privée, en dépit et
au mépris des garanties expresses dont elle est entourée dans le droit universel, il sera parfois loisi-
ble à une catégorie de citoyens d'y attenter impunément. Il leur suffira pour cela de réussir à faire
considérer comme dépenses publiques les sommes

dont ils auront décidé de s'emparer abusivement. Les impôts, au lieu de représenter seulement les ressources de l'administration publique, seront accrus de sommes plus ou moins fortes représentant l'exploitation des particuliers par une coterie qui paie d'audace. On fera' acquitter par les contribuables les frais de propagande électorale, l'achat des sympathies intéressées des populations, les récompenses données sous forme de places ou de concessions d'entreprises aux courtiers chargés de préparer le bon fonctionnement du scrutin, les faveurs accordées à la courtisanerie et à l'intrigue.... hélas ! les services rendus à l'homme privé et que l'on paie en faveurs officielles. Chacun s'appliquera à tirer pied ou aile à ce personnage plus ou moins impersonnel qui s'appelle tout le monde. On disposera du bien de la communauté avec la désinvolture des enfants prodigues qui ruinent leurs familles, on ne contrôlera les dépenses qu'en apparence et pour la bonne façon, on jurera ses grands dieux que le pays prospère au moment même où les budgets soldent en déficit et où l'on contracte de nouveaux emprunts, et l'on hasardera bien d'autres cartes encore s'il le faut, mais toujours aux frais des particuliers. On ne s'arrêtera qu'à la limite à partir de laquelle le jeu commencerait à devenir dangereux, à inquiéter même les esprits bien disposés pour le gouvernement.

Que penser de ce sans gêne ? Au fait, si la société a entendu délivrer un blanc-seing dans toutes les règles aux hommes chargés de gérer le patrimoine commun, et cela dans les différentes sphères administratives, aussi bien dans celles du gouvernement proprement dit que dans celles de la province et de la commune, qu'il s'agisse des premiers ministres, des membres du parlement, des conseillers régionaux ou d'un simple maire de village, alors il faut accepter la situation, faire contre mauvaise fortune bon cœur, se résigner en se laissant tondre. Tout est correct.

Mais nous avons vu que tel n'est pas le cas, que la propriété privée est garantie, et l'on devra ainsi convenir que l'aggravation des impôts, pour autant qu'elle provient d'un abus de pouvoir, d'une confiscation opérée au détriment des particuliers par leurs protecteurs naturels, d'une mainmise sur des biens que la loi couvre de son égide, implique un mépris profond du droit public. S'il n'y a pas dans ce régime frustratoire une violation manifeste, flagrante du statut réel, les mots ont perdu leur sens.

LE REMÈDE

I

Que la première chose à faire pour combattre la fiscalité, c'est de vaincre le découragement dans les
esprits.

Au mal que nous venons d'étudier dans ses
causes et dans ses effets, à ce mal dans lequel il
faut voir un des graves périls de l'heure actuelle
et qui, s'il ne suffit pas à faire périr les sociétés au
sens exact du terme, puisque les sociétés ne meurent pas, peut du moins les ruiner matériellement
et moralement, ce qui ne laisse pas d'être encore
assez sérieux, y a-t-il un remède?

Cette question pourra paraître naïve à certaines
personnes trop battues de l'oiseau pour pouvoir
envisager la situation en face, comme le soldat
l'ennemi, et qu'un invincible scepticisme à l'endroit des réformes politiques a peu à peu gagnées
et envahies. L'état de choses que nous avons dé

peint est si général; il y a presque partout et toujours, et quelles que soient les circonstances, une
propension si forte à accroître les chiffres des différents budgets; les efforts accomplis en vue de
résister à cet entraînement ont été si ordinairement couronnés d'insuccès, que nombre de gens
ont fini par se décourager. C'est un mal, s'est-on
dit, un mal sérieux, qui peut causer pour l'avenir
les inquiétudes les plus justifiées, mais auquel il
faut se résigner comme à tant d'autres; c'est un
mouvement fatal, irrésistible et qui brise tous les
obstacles; c'est un courant qui ne se remonte pas.
Peut-être, après tout, en est-il de la bourse des
Etats comme de celle de certains particuliers qui
ne se mettent à compter de près que lorsqu'ils
ont épuisé leur crédit et se sentent talonnés, har-
celés, par le besoin.

Eh bien, nous estimons que l'on a grand tort
de jeter ainsi le manche après la cognée. Les progrès sociaux sont lents à s'accomplir et il ne faut
pas s'en étonner. La démocratie élargie à laquelle
sont arrivées ou arrivent les unes après les autres
les nations avancées, est le résultat d'une longue
série de luttes qui ont eu le plus souvent pour
effet d'écarter momentanément des affaires publiques les éléments sages et modérés. Mais ce
n'était là qu'une crise, et à mesure que la démocratie passe dans les mœurs, que ses institutions

sont acceptées sans arrière-pensée par toutes les
fractions de la population, que le sentiment de
l'égalité des droits, en s'affermissant dans les esprits, fait reculer le jacobinisme doctrinaire et l'intransigeance intéressée, les groupes qui demeu-
raient condamnés à l'isolement redeviennent une
des forces vives de la nation et reprennent leur
part d'influence. Ils forment alors un des plus fermes soutiens de l'ordre, de l'honnêteté administrative, des bonnes finances. Le sentiment que
tous les citoyens ont leur mot à dire dans la
gestion de l'État, et doivent y participer au moins
en quelque mesure, acquiert de plus en plus une
force irrésistible. Or, une fois que l'on en est là,
il n'y a plus qu'à s'organiser, qu'à grouper sous le
même drapeau, le drapeau du bien public, tous les
hommes qui estiment qu'il faut exercer une active
surveillance autour des budgets et faire tête aux
différents genres de gaspillage.

Mais ce n'est pas seulement dans les milieux
qui possèdent une longue pratique du *self government* et dans lesquels les passions politiques se
sont assez apaisées pour laisser entendre la voix
de la justice, qu'il faut se concerter pour l'action.
Même ailleurs, même dans les populations divisées par de profonds dissentiments, où une coterie
enrégimentée détient le pouvoir, bien décidée à
ne le partager avec personne et à s'opposer à

toute limitation de son autorité, les amis du pays
ne doivent cesser d'affirmer leur droit d'être consultés sur ses destinées.

Le moment n'est pas loin peut-être où l'on sentira le besoin de leur coopération. Mais pour qu'on
se souvienne qu'ils existent, ils doivent se rappeler
qu'ils ont une patrie et montrer par toute leur
conduite qu'ils l'aiment d'un amour pur et vigi-
lant. Il faut qu'on sache, pour les avoir vus à l'œuvre, qu'ils seraient incapables de sacrifier le bien
général à un intérêt de parti.

Donc, d'après nous, la première chose à faire
pour parer à l'incurie où à l'éhontée désinvolture
de ceux qui gouvernent, c'est de se persuader qu'il
y a une campagne à entreprendre contre la fiscalité, et que la lutte n'est pas sans espoir.

II

Moyens insuffisants : que la mauvaise humeur contre
les gouvernants n'arrête pas le mal.

Avant d'en venir à ce qui nous paraît constituer
les vrais moyens de défense contre la mise en
coupe réglée d'une communauté, nous en indiquerons d'abord trois de valeur fort différente et qui
ne nous semblent pas pouvoir, à eux seuls, conduire au but désiré. Si nous leur accordons quelques instants d'attention, c'est que nous estimons
utile de marquer le degré limité de confiance qu'il
est permis de leur accorder.

Le premier de ces moyens consiste à se déchaîner contre les hommes qui poussent à la dépense,
qui dressent les budgets ou qui les votent, et
d'une manière générale contre les partis politiques
qui mènent les affaires et que l'on tient pour responsables des grosses dépenses et des lourds impôts. Magistrats, députés, conseillers provinciaux
ou municipaux appartenant à la coterie dominante, fonctionnaires plus ou moins grassement

payés, sont vivement pris à partie, et l'on s'indigne, et l'on s'emporte, et l'on se répand en invectives contre ces gens sans vergogne qui organisent légalement le vol à leur profit.

Il y a sans doute ici de légitimes sujets d'irritation. Quant on voit une coterie monter à l'assaut des finances publiques, traiter les fortunes particulières en pays conquis, se tailler d'agréables portions dans le bien de tous et dissimuler ses petits calculs sous le masque de l'intérêt public, c'est de quoi agacer très fort. Malheureusement la mauvaise humeur fait plus de mal à ceux qui s'y abandonnent qu'elle n'avance les affaires.

Il faut se dire, dans le cas que nous avons devant nous, que le vrai coupable n'est pas le parti au pouvoir, mais le régime politique qui a permis à ce parti de payer d'audace et de grossir sans nécessité le chiffre des dépenses. C'est de là que vient le mal. On balaierait la coterie dirigeante qu'à la faveur des lois et institutions qui lui avaient permis de naître on ne tarderait pas à la voir se reformer. Il n'en irait point autrement si un particulier trouvait bon de se laisser dépouiller. Très vite, on verrait une cohue attirée par le butin. On pourra s'affliger à bon droit, à la pensée que le mal exerce tant de séduction, et qu'il se trouve, en ce bas-monde, des ouvriers pour toutes les besognes ; mais on ne saurait pourtant disconvenir que celui qui tente son prochain et le provoque à des actes déshonnêtes, n'encoure aussi de son côté de sérieux reproches.

Ce n'est donc pas seulement aux hommes qui ont la main aux affaires que l'on doit s'en prendre des vices de l'administration publique. Il faut se rappeler que ces hommes ne sont ce qu'ils sont que parce que le pays les a bénévolement laissés abuser de la situation.

Et aussi, comment ne pas remarquer encore (au risque de revenir sur une réserve déjà nettement articulée ailleurs) qu'à côté des gens de sac et de corde comme il s'en trouve toujours un certain nombre dans les corps politiques et dans les diverses administrations, il y a cependant des hommes sérieux, dignes d'une entière estime, qui gagnent l'argent que l'État leur paie et qu'on n'a pas le droit de traiter comme une classe de vulgaires exploiteurs.

Magistrats, s'il leur arrive de se tromper, et même gravement, de se laisser emporter par la passion ou par les solidarités de luttes électorales, de se montrer trop avancés du côté de l'utopie ou trop arriérés dans la routine, du moins leurs intentions, ainsi que leurs mains, sont pures, et ils servent leur pays avec un sincère dévouement.

Fonctionnaires, ils s'acquittent avec conscience de leur besogne, donnent à leur charge tout le temps qu'ils lui doivent, et n'ont jamais laissé planer le moindre soupçon sur leur parfaite intégrité. Est-on raisonnablement fondé à envelopper de tels serviteurs dans une sorte d'excommunication générale ?

C'est assez déclamer contre les hommes politiques, magistrats, députés, conseillers ou employés, dans lesquels on voit comme l'image vivante de l'Etat. Ils comptent en réalité fort peu par eux-mêmes, et comme la source première du mal c'est le régime politique grâce auquel une administration peut faire litière des droits, des intérêts et des légitimes revendications des citoyens, c'est là qu'il faut viser. Frapper à côté, c'est perdre son temps et sa peine. Et pourtant, quand une initiative intelligente, raisonnée fut-elle plus de saison ?

III

Suite des moyens insuffisants : que l'on ne saurait
en général compter, pour relever les finances publiques, sur le retour aux affaires des conservateurs.

Nous arrivons à un second moyen de réagir
contre les folies budgétaires et les aggravations
d'impôts. Il vaut déjà mieux que celui qui vient
de nous arrêter, auquel manquait toute sanction
pratique, mais, encore qu'il puisse donner certains
résultats heureux, on aurait tort pourtant de faire
grand fond sur lui.

« Il n'est tels que les radicaux, entend-on dire
souvent, pour faire valser les écus, grossir le coût
du ménage politique et charger la cote des impôts. Les conservateurs, au contraire, ont tout
intérêt à gérer les finances de l'État dans un esprit d'économie, attendu que d'ordinaire ils se re-
crutent dans les classes aisées ou même riches de
la population, et qu'ils sont les premiers frappés
lorsque le pays réclame de nouvelles ressources.
Conclusion : pour conjurer la dilapidation des deniers publics, pour réduire les dépenses budgétai-

res au strict nécessaire et protéger les contribuables contre les exactions du fisc, bref, pour défendre la curée, il faut tâcher de ramener aux affaires le parti conservateur ».

Dans l'ensemble, ces réflexions sont justes, sauf le mot de la fin. Il est incontestable que les groupes de la gauche comptent, en général, de moins près que ceux de la droite, qu'ils sont plus portés à étendre le champ d'action de l'Etat et à ajouter de nouveaux rouages, toujours coûteux, à la machine administrative. Ayant pour principaux soutiens les classes laborieuses, ils ne sauraient guère faire autrement, pour garder avec eux les ailes avancées de leur armée, que de voter de temps à autre des mesures d'un caractère socialiste qui donnent ce qu'elles peuvent donner, mais qui ne laissent pas de se chiffrer assez vite par des sommes assez rondes : comme il s'agit, en général, d'essais à longue échéance, d'entreprises appelées à durer plus ou moins longtemps, même si elles ne tiennent pas leurs promesses, ces sommes, une fois inscrites au budget, y reviennent périodiquement. Et il y a toujours, que l'on fasse du socialisme ou qu'on n'en fasse pas, les travaux publics et le fonctionarisme qui se développent comme à plaisir sur le terrain des doctrines radicales.

Il n'est pas moins certain, d'autre part, que, dans la grande généralité des cas, les groupes conservateurs représentent, au milieu des démocraties, les habitudes de comptabilité serrée, de régularité en affaires et d'économie. Aussi, estimons-nous que c'est un véritable malheur pour une nation lorsque les hommes de la droite se trouvent éliminés des corps de l'Etat où ils étaient appelés à exercer une action modératrice indispensable. On verra, dans la suite de cette étude, que l'un des plus sûrs moyens, selon nous, de relever les finances publiques, est précisément d'assurer aux classes aisées et à ceux qui marchent avec elles, en un mot à toute cette partie de la population qui veut des finances bien gérées, la part d'influence à laquelle elle a droit. Nous revendiquons pour ce groupe ce que nous réclamons pour toutes les autres catégories d'électeurs ; nous voulons qu'il participe à la représentation nationale, qu'il ait voix au chapitre, ce qui pourra être obtenu quand on le voudra et de la manière la plus simple du monde, par l'application du principe de la représentation proportionnelle.

Mais alors, nous demandera-t-on, du moment que vous considérez les partis conservateurs comme étant beaucoup plus soucieux que tous les autres de faire de bonnes finances, de proportionner les dépenses aux recettes, de résister aux sollicitations soit des intérêts politiques collectifs, soit des intérêts particuliers qui demandent de l'argent sous une forme ou sous une autre, pourquoi ne pas leur confier la bourse de l'Etat ? Quand on recherche les moyens de protéger la fortune et les intérêts de tous et de ramener les impôts à leur chiffre normal, avant d'aller plus loin, avant de regarder ailleurs, ne conviendrait-il pas de recommander, là où elle est possible, l'élévation aux affaires des hommes de la droite? Voici ce que nous avons à objecter à cela.

Dans les pays où les groupes conservateurs peuvent, en s'en donnant la peine, lutter avec avantage, ils chercheront à s'emparer du gouvernement. S'ils y réussissent, combien de temps le garderont-ils ? Cela dépendra surtout de leur savoir-faire et de leur patriotisme, en même temps que de la nature des populations qu'ils se trouveront appelés à administrer, de leurs mœurs, de leur culture, de leur religion.

Mais c'est là un cas exceptionnel et qui nous entraîne hors de notre sujet. Nous parlons, en effet, en ce moment, des pays plus ou moins livrés à la démagogie dépensière, qui vont au delà de leurs moyens, et nous nous demandons ce qu'il y aurait à faire pour enrayer le mal. Eh bien! doit-on leur conseiller d'organiser les forces conservatrices et de marcher avec elles à la conquête du pouvoir? Là est la question.

Nous n'hésitons pas à déclarer que non, que

s'embarquer dans cette entreprise c'est renoncer aux moyens d'action efficaces, pour poursuivre une chimère décevante. Dans les milieux à opinions très divisées et où la majorité de la population incline facilement aux idées avancées, songer à ramener les modérés au pouvoir et se flatter qu'une fois arrivés aux affaires ils y resteront, c'est faire le plus faux des calculs et se préparer de pénibles déboires.

De deux choses l'une. Ou bien la majorité de droite, que l'on se propose de former, aspire par-dessus tout à diriger le char de l'Etat, ou bien elle tient à ses principes plus encore qu'au pouvoir.

Or, dans la première hypothèse, elle se verra contrainte, pour conserver la suprématie, à une foule de concessions qui auront pour effet de dénaturer son caractère; force lui sera de dépenser beaucoup plus qu'elle n'eût désiré, de fermer les yeux sur des abus graves, et de finir, comme on voit, par imiter les partis politiques dont elle désirait combattre les procédés financiers. Ce n'était alors pas la peine de se donner tant de mal pour arriver à un résultat si peu satisfaisant.

Dans la seconde alternative, la majorité de droite restera, à la vérité, fidèle à son programme administratif; elle évitera les dépenses n'ayant pas une utilité démontrée, elle réduira les crédits affectés aux services publics en émondant l'arbre du budget où les branches parasites ont poussé à plaisir, elle défendra l'argent de tous comme un particulier sa bourse.

Mais alors elle ne tardera, pas à se voir taxée d'intransigeance, d'étroitesse de vues, de parcimonie mesquine et tracassière ; elle refroidira peu à peu les sympathies des groupes flottants qui l'avaient soutenue à son avènement et, se désagrégeant plus ou moins vite, finira par retomber au rang de minorité ; sans compter qu'il y a toujours les questions politiques proprement dites, réelles ou habilement suscitées dans un intérêt de polémique, et qui, dans les milieux très divisés, sońt exploitées contre les partis modérés. Les passions qu'elles déchaînent renversent, comme le vent pourrait le faire d'un château de cartes, les majorités réunies à force de mesure et de tact.

Dans l'intérêt d'une bonne administration des finances publiques, il y a donc lieu, dans les pays où les conservateurs ne peuvent arriver qu'à une majorité très incertaine et instable, de les adjurer de renoncer à combattre pour le triomphe de leur drapeau. Mais loin de nous, encore une fois, l'idée de les porter à se désintéresser des affaires de l'État, qui sont les leurs aussi bien que celles de tous les autres groupes de citoyens. Nous vou-

drions seulement qu'ils s'efforçassent d'agir en vue
d'un résultat positif. Or, de leur part, aspirer à
gouverner le pays d'une manière durable, se flatter qu'ils pourraient posséder un jour une majorité sûre et éprouvée, c'est, à notre sens, lâcher la
proie pour l'ombre. Ils ne peuvent l'emporter au
scrutin que dans des circonstances tout exceptionnelles, après de lourdes fautes commises par leurs
adversaires, et leur règne est éphémère.

Nous estimons qu'ils ont une autre conduite à
tenir. Ce serait de renoncer sans arrière-pensée à
prendre la direction du pays, et, se faisant plus
petits, plus modestes, de réclamer seulement, mais
sans jamais faiblir, comme un droit imprescrip-
tible, leur légitime part de représentation dans les
différents corps politiques et administratifs. En
prenant cette attitude, ils n'exciteraient plus les
mêmes défiances dans les masses, qui ne veulent
pas d'un gouvernement « aristocratique ». Ils
pourraient donc reconquérir une influence qu'ils
sacrifient aujourd'hui à des espérances vaines. Et
quoi de plus beau, de plus patriotique que le rôle
qui leur serait dévolu, de modérateurs des partis
au pouvoir ? En est-il de plus digne d'envie ?

A plus forte raison devraient-ils aussi renoncer à
certains rêves insensés de remaniement profond, une fois qu'ils seraient redevenus les maîtres, et du suffrage universel et de l'organisation

même de la vie politique. Il ne saurait être question de restaurer le système censitaire où il a succombé, mais on se flatte qu'il y aurait peut-être moyen d'arriver à quelque chose d'analogue en prenant les chemins détournés. Ne serait-il pas possible de proportionner la puissance électorale à certains éléments qui sont d'ordinaire des garanties de sérieux et d'intérêt pour la chose publique, comme l'importance du chiffre d'impôt acquitté annuellement, ou la qualité de propriétaire ou de patron? De cette façon, tandis que certains individus continueraient à ne disposer que d'une voix, d'autres en auraient deux ou trois.

Une semblable réforme mettrait sans doute un bel·atout dans le jeu conservateur, mais nous ne pouvons ni la désirer ni y croire. C'est une nouvelle chimère greffée sur d'autres. Les classes qui sont arrivées péniblement à l'exercice de la souveraineté ne se laisseront pas dépouiller de leurs franchises : que les conservateurs renoncent donc aussi à ce fol espoir.

Se préparer au rôle que nous venons d'indiquer serait, en tout cas, une ambition autrement louable que celle qui consiste à attendre avec impatience les fautes de ses adversaires, ou plutôt à les souhaiter, à les escompter, en se persuadant qu'elles hâteront le revirement d'opinion·depuis si longtemps caressé et si lent à venir. Tous les conservateurs n'en sont heureusement pas là, nous le savons et nous en félicitons, mais on sera bien forcé de concéder que c'est dans ces sentiments d'un ordre très inférieur qu'un certain nombre d'entre eux se préparent à relever un jour la patrie épuisée.

IV

Suite des moyens insuffisants : que former une opinion publique saine est une œuvre de première importance, mais incomplète.

Un troisième moyen de réagir contre les gros budgets et les lourds impôts, et auquel il faut accorder plus de confiance qu'aux précédents, consiste à éclairer les esprits et à former une opinion publique saine, amie de l'ordre, vigilante. Dans un sens tout est là, mais à condition qu'on ne s'arrête pas en si beau chemin. C'est un point de départ; pour arriver au but, il faut autre chose encore que répandre des idées justes et éveiller dans la masse de la population un écho sympathique.

Tout est là, disions-nous, et nous n'avions rien exagéré. D'une population qui, en matière de finances et plus généralement d'affaires, professe des principes fermes et éclairés, il y a tout à espérer, mais d'un pays qui croupit dans l'ignorance ou chez lequel le sens moral s'est relâché, il n'y a pas grand chose à attendre. C'est dans ce sens

que se vérifie cette parole que l'on a regardée
quelquefois comme une insulte au malheur et qui
pourrait, en effet, être interprétée dans ce sens :
« les peuples n'ont que les gouvernements qu'ils
méritent » — ce que nous traduirions, pour notre
usage particulier, en ces termes : « si les peuples
sont exploités par ceux qui les gouvernent, c'est
qu'ils les y encouragent par leur connivence ».
Nous avons déjà donné plus longuement notre
manière de voir là-dessus.

Il y a donc une grande œuvre d'éducation des
masses à poursuivre.

Chacun devrait être amené à comprendre que
s'il y a une morale privée il y a aussi une morale
publique. Il faut se persuader que, si un particulier est tenu de payer ce qu'il emprunte, un État
qui recourt au crédit, contracte des engagements
qui le lient, et que, jusqu'à ce qu'il s'en soit acquitté,
il aura une charge à porter. Il faut se dire encore
que si, dans les circonstances ordinaires, il est
déshonorant pour un père de famille d'entamer le
patrimoine qu'il a reçu de ses parents et qu'il doit
à ses enfants, il y a également de la honte pour
des citoyens à engager à la légère l'avenir des gé-
générations futures.

Mais ce n'est pas seulement l'éducation morale
des citoyens qui est à faire, c'est aussi, d'une manière générale, leur éducation économique.

Il faut compter, en effet, avec les sophismes des politiciens que nous avons déjà réfutés d'autre part. On répétera sur tous les tons que si l'on veut prospérer, on ne doit pas craindre la dépense ; que l'argent qui passe par le canal du budget est comme une eau fécondante qui fertilise le pays tout entier ; que l'État, dans la répartition des charges publiques, demande au superflu des riches le gros de ses ressources, dont il enrichit les pauvres, et qu'il diminue ainsi les inégalités qui règnent dans les conditions humaines.

Pour réduire à leur juste valeur ces raisonnements spécieux, il faut répandre à pleines mains des notions d'économie sociale saines et solides. La tribune politique, la salle de conférences, les journaux et les revues ont là une grande tâche à remplir.

Ce n'est que par cette œuvre d'éducation générale des populations que l'on réussira à créer au-dessus des différents partis, un grand parti des gens de bien, qui sera le vrai pouvoir politique de la nation, celui dont les gouvernements, quels qu'ils soient, ne sauraient avec impunité violer les arrêts.

Mais si l'on doit attacher une importance capitale à cette éducation de l'opinion publique, encore convient-il d'en bien préciser la portée. Et ici nous revenons à notre déclaration de tout à l'heure :

tout est là, à condition qu'on ne s'arrête pas en si beau chemin.

Il faut former l'opinion du pays et c'est, sans nul doute, la première chose à faire. Mais quand elle existe, quand elle a pris conscience d'elle-même, de ses droits et de ses devoirs, il ne la faut pas décourager en la laissant impuissante.

Or, c'est là précisément ce qui arrive aujourd'hui, dans la plupart des cas. Il y a plus de moralité dans la masse de la population que dans les corps politiques ; cela ne peut faire doute pour personne. On ne saurait nier non plus qu'un très grand nombre de citoyens ne soient parfaitement mécontents, pour ne pas dire dégoûtés, écœurés de la façon dont les affaires publiques sont conduites. Mais ce dépit, ces souffrances, ce besoin de réformes restent stériles, faute d'un plan d'action qui groupe toutes les forces tournées vers le bien.

Comme le remarquait un regretté publiciste, (¹) « les forces morales ne peuvent se passer de l'appui et du concours des forces légales ». Elles doivent être organisées, enrégimentées en quelque sorte, et d'autant plus que nous sommes ici en présence de la gent politicienne, qui ne néglige

(¹) M. Emile Beaussire (dont la mort si inattendue vient de causer un deuil profond à tous les amis du libéralisme) dans les *Principes de droit*, p. 9.

rien pour fortifier sa discipline. Devant un ennemi compacte, toujours en éveil, qui a toutes sortes de raisons pour ne pas faiblir un instant, il faut des volontés compactes comme lui. Il faut savoir ce que l'on veut, et donner à sa pensée une forme pratique. Sans cela, les meilleures intentions se lassent et l'inaction développe de plus en plus l'avachissement.

Mais que faire ici ?

Nous allons énumérer un certain nombre de dispositions législatives susceptibles d'être introduites comme de nouveaux et importants rouages dans le mécanisme actuel de la politique, et que nous croyons propres à conduire au but.

·On verra que les moyens préconisés par nous ne sauraient être classés parmi les utopies. Ils sont tirés de l'expérience, et il n'en est pas un seul qui ne puisse se réclamer, ici ou là, au moins de quelque commencement d'application. Il y a quelqu'un qui a plus d'esprit que Voltaire, c'est tout le monde : nous avons mis un peu tout le monde à contribution.

Or donc, voici les différents remèdes que nous croyons pouvoir recommander contre le déséquilibrement des budgets. Nous les plaçons à la suite les uns des autres comme des unités détachées, mais en les groupant toutefois selon leurs affinités.

Nous commencerons par indiquer certaines

réformes administratives et fiscales qui pourraient, pensons-nous, être introduites avec avantage là où elles font encore défaut.

Ensuite, nous passerons à une série de réformes plus profondes, qui ne tendent à rien moins qu'à réorganiser la démocratie dans le sens d'une diminution du régime représentatif actuel et d'une extension des droits populaires, en d'autres termes d'une évolution vers la démocratie pure, qui a déjà commencé à se produire sur quelques points, mais qu'il faut poursuivre et étendre.

Ces deux catégories de moyens s'appuient mutuellement, mais c'est surtout sur les derniers que nous fondons nos espérances.

V

Premier moyen pratique : régler, par des dispositions précises, la façon de procéder soit à l'adjudication des travaux publics ou des fournitures aux autorités, soit à la nomination des fonctionnaires de tout ordre.

La place que le favoritisme et la camaraderie tiennent dans les décisions de ceux qui, aux divers degrés de la hiérarchie administrative, sont censés défendre les intérêts et les droits de la collectivité, on peut s'en douter, mais on ne s'en fera jamais une idée adéquate.

S'agit-il, par exemple, d'ouvrir une route, de construire un pont ou un édifice quelconque, on s'arrangera en haut lieu de façon à confier l'entreprise autant que possible à des amis ou à des personnes que l'on désire s'attacher. Il y a différents moyens d'enlever l'affaire ; celui-ci entre autres : les personnages qu'on veut favoriser n'ont qu'à offrir des prix réduits par lesquels on justifiera la préférence qui leur est accordée, mais il reste sous-entendu que, d'une manière ou de l'autre, les devis pourront être dépassés et de nouveaux crédits votés, ce qui laissera en fin de compte de jolis bénéfices. Tant pis d'ailleurs si l'ouvrage est gâché et s'il coûte les yeux de la tête : il y a des gens qui méritent des égards exceptionnels et qu'il y a un intérêt électoral très direct à contenter.

S'agit-il de pourvoir à une place, nous n'avons pas besoin de dire combien l'orthodoxie des opinions politiques est cotée haut, et comme elle laisse loin derrière elle, en tant que recommandation, les aptitudes spéciales, la solidité du caractère, les titres sérieux auxquels il convient de regarder. En combien d'occasions le mot de Beaumarchais : « il fallait un calculateur, ce fut un danseur qui obtint la place » trouve sa confirmation ! Désorganiser un service en y introduisant des incapables, mais cela ne tire pas à conséquence ! Mettre une cinquième roue à un char, mais pourquoi pas ? Faire que ce qui pourrait bien marcher aille mal, mais à quoi bon s'arrêter à ces détails ? L'essentiel, c'est de fortifier la cohésion du syndicat anonyme pour l'accaparement du gouvernement en récompensant, comme ils le méritent, tous ceux qui, de quelque façon, travaillent à son maintien et se dévouent à sa cause. Heureux encore si l'on ne crée pas la place dans le seul intérêt de celui à qui on la destine.

De temps en temps, du reste, pour le bon air, et de crainte de faire trop crier par une injustice trop patente, on laissera arriver un adversaire politique. C'est là une petite concession faite à l'opinion, mais il est certains sacrifices qui sont une tactique habile. Une nomination équitable de fois à autre, c'est comme qui dirait un paratonnerre mis sur une maison exposée aux décharges électriques : après un tel acte de justice on peut hardiment se permettre dix injustices de suite; la foudre ne tombera pas sur le toit.

Outre les moyens d'ordre administratif capables de parer indirectement aux effets de l'esprit de coterie, et que l'on verra défiler en nombre respectable dans cette dernière partie de notre étude, il y a des moyens directs, immédiats, qui peuvent se résumer en quelques mots.

La loi devra établir — ce qu'elle n'a pas encore fait partout, ce qu'elle n'a fait que rarement avec toute la rigueur nécessaire — la marche à suivre dans le cas de travaux à exécuter ou de livraisons de marchandises à faire au compte d'une administration publique quelconque. Elle consacrera. en l'entourant de toutes les garanties démontrées nécessaires, le principe de l'adjudication sur soumissions cachetées, qui établit la libre concurrence et ne favorise personne.

Et quant à cette catégorie de services dont le coût est pour ainsi dire fixe et où la bienfacture n'est pas en jeu, tels que les actes notariés passés à l'occasion de transactions dans lesquelles une administration publique figure comme partie intéressée, la loi devra obliger les diverses autorités à établir une rotation entre les personnes qualifiées au même titre — toutes autres circonstances égales d'ailleurs — pour recevoir ces travaux. Un rapprochement assez significatif à faire ici, c'est que nous voyons assez souvent les pouvoirs publics s'adresser à tour de rôle à tous les imprimeurs qui sont à leur portée, pour l'impression des affiches, rapports et autres pièces officielles. C'est là en germe ce que nous demandons pour tous les cas possibles. L'impartialité dans la distribution des travaux doit exister, même dans les occasions où elle n'est pas appelée à s'étaler sous les yeux du public. Autrement ce serait couler le moucheron pour avaler le chameau.

La loi réglera en outre la marche à suivre dans le choix de tous les fonctionnaires, à l'effet d'assurer en chaque occurence l'avantage au candidat le plus digne. Presque partout, déjà à l'heure actuelle, la loi statue qu'il y aura ouverture d'une inscription, formation d'une commission d'enquête, présentation par ordre de mérite, mais c'est là une procédure qu'on élude très facilement lorsqu'elle contrarie certaines combinaisons. On a ménagé quelque porte de derrière qui permettra à l'arbitraire de triompher

quand on le voudra, et à ceux qu' nomment de
faire arriver sans obstacle leurs créatures. Eh
bien ! il faut empêcher qu'on ne tourne la loi, il
faut fermer toute porte dérobée.

Cette question du recrutement des fonctionnaires a vivement préoccupé, au cours de ces dernières années, un pays où il se commettait des abus
excessifs : nous voulons parler des Etats-Unis. Afin
de mettre un terme à l'odieux système dans lequel,
à chaque changement de président, les employés de
l'Etat étaient ou cassés aux gages ou menacés de
l'être, le gouvernement central a posé les rudiments d'une règle *(civil service)* qui tend à faire
dépendre les nominations aux emplois publics et
l'avancement des titulaires du seul mérite. Une
commission permanente a été instituée pour
mettre en œuvre ce nouveau principe si éminemment progressiste et, malgré une opposition terrible de la part des politiciens des deux camps,
l'idée a déjà fait son chemin ; elle gagne constamment de nouvelles adhésions importantes et entre
visiblement dans les mœurs. La proportion des
fonctionnaires soumis à ce régime n'est pas, il est
vrai, encore bien considérable, mais elle augmente
peu à peu, et il n'est pas sans intérêt de noter que
lorsqu'un parti a été renversé à une élection, il
profite en général de ses derniers jours de pouvoir
pour étendre à de nouvelles catégories de servi-

teurs l'organisme du *civil service* dont il reconnaît ainsi implicitement le caractère à la fois juste, libéral et conservateur : c'est un moyen pour lui de protéger toute une classe d'employés où il compte de nombreux amis, contre les entreprises et les surprises d'adversaires appliquant la fameuse formule : « les dépouilles au vainqueur ».

Ce que l'on tente d'introduire aux États-Unis dans le domaine de la politique fédérale, et même dans les administrations locales ([1]) et ce que l'on cherche à pratiquer, avec plus ou moins de succès, en quelques autres pays, c'est ce que nous voudrions voir se faire partout et à tous les étages de l'administration publique.

Cependant, nous admettons que, dans certains cas tout à fait exceptionnels, il pourrait y avoir un intérêt démontré à sortir des voies ordinaires de la compétition, soit en matière de travaux publics ou de fournitures de marchandises, soit en matière de nominations, et à traiter de gré à gré. C'est là une possibilité qu'il pourrait convenir de se ménager, mais, pour empêcher que cette exception ne risque de devenir la règle, la loi devrait être complétée par deux dispositions : l'une précisant très exactement les cas spéciaux où une en-

([1]) La législation du *civil service* a été étendue à certaines administrations non fédérales. — Voir, sur l'ensemble de la question, la note à la fin du volume.

torse pourrait être donnée au principe posé par elle ; l'autre déclarant qu'il faudrait l'unanimité des voix dans les corps administratifs auxquels incombe la décision à prendre, pour leur permettre de se départir de la règle ordinaire.

Tout revient, comme on voit, à chercher les moyens les plus efficaces pour combattre les effets de la camaraderie politique et déconcerter les tripotages administratifs. L'œuvre est délicate, difficile, mais elle est assez belle pour tenter tous les citoyens dévoués au bien public.

C'est un reproche souvent formulé contre les démocraties qu'elles font volontiers table rase des droits acquis, des titres, des qualifications, et pratiquent largement le: « nous ferons ce que nous voudrons. » Les gouvernements absolus ne valent certes pas mieux sous ce rapport, parce qu'ils ne connaissent qu'une justice inégale, subordonnée à des considérations de rang et de caste; mais les démocraties seraient-elles tenues, elles qui prétendent faire abstraction de toute espèce de mérite non fondé sur la valeur personnelle, de suivre les régimes autoritaires jusque dans leurs errements les plus déplorables?

VI

Deuxième moyen pratique : publier, d'une manière détaillée, les comptes des différentes administrations publiques et les mettre, si possible gratis, ou en tout cas à très bas prix, à la portée de tous les citoyens.

On sait tout ce qui se noircit de papier dans les sphères officielles. Rapports, tableaux statistiques, lois et projets de loi, arrêtés et proclamations, circulaires, cela n'a pas de fin. Personne ne fait gémir la presse à l'égal des pouvoirs publics.

Il semblerait, dès lors, que dans ces montagnes d'imprimés destinés à mettre les mandataires du peuple en contact avec leurs mandants, les administrateurs avec les administrés, on réunira à coup sûr les indications les plus précises sur les recettes et les dépenses de chaque exercice.

Eh bien ! tout au contraire. Les renseignements de cet ordre, lorsqu'on veut bien condescendre à en fournir, sont d'ordinaire outrageusement incomplets. On se borne le plus souvent à donner des indications sommaires, des totaux, de gros blocs. Mais ces comptes borgnes ne disent rien qui vaille, et ce que les contribuables aimeraient à connaître,

c'est le détail, la façon dont les petits ruisseaux
forment le grand fleuve du budget.

Ce sont, en général, les administrations communales qui laissent le plus à désirer sous le rapport
de la publicité financière. Il y a telles localités de
rang plus ou moins secondaire, surtout à la campagne, où tout se décide en quelque sorte sous le
manteau de la cheminée. Des crédits sont votés,
mais de la discussion à la suite de laquelle ils ont
été accordés on ne sait rien ou presque rien, de
leur montant exact on n'est même pas sûr. La
municipalité n'a aucun moniteur à son service ;
aucun état financier n'est mis sous les yeux du
public, intéressé pourtant d'une manière toute spéciale à savoir dans quelle mesure on dispose de
sa bourse, et il n'est point rare que, pour toute
réponse à ses vœux, on le renvoie à sa cote d'impositions qu'il connaît déjà fort bien.

Ce manque de lumière peut avoir des conséquences d'autant plus graves qu'en certains pays
les municipalités ne sont jamais embarrassées de
se procurer de l'argent, tout se bornant pour elles
à ajouter aux impôts perçus par le gouvernement
central un certain nombre de centièmes additionnels. C'est là un nouvel encouragement à aller
vite en besogne.

Il est vrai que les budgets communaux ont
besoin, dans la règle, de l'homologation de l'autorité

supérieure, mais cette formalité ne constitue pas toujours un contrôle efficace. Le vrai contrôle, le seul sérieux, c'est celui de l'opinion publique, et il suppose la publication détaillée des comptes.

Aussi bien comprendra-t-on encore, à un autre point de vue, de quel intérêt majeur il est d'être renseigné avec le plus grand soin sur la situation des finances publiques. Cette publicité est la seule manière d'établir des responsabilités sérieuses. Il faut que l'on sache comment chaque administration a géré les intérêts qui lui étaient confiés et qu'elle laisse, année après année, les traces indélébiles de ses capacités ou de son ineptie, de son honnêteté scrupuleuse ou de son sans-gêne indécent. Il faut que l'on voie aussi, année après année, dans quelles bourses et pour quelles sommes s'en vont les crédits votés pour les divers services, quels sont les individus qui gagnent le plus à des travaux publics ou à des fonctions officielles, et si ce ne sont pas en général ces mêmes personnages qui montrent le plus de zèle à défendre *per fas et nefas* les actes de l'autorité.

Nous sommes intimement persuadé que la seule perspective d'avoir à mettre un jour noir sur blanc le détail des sommes dépensées et, en regard, les noms de ceux qui les auraient touchées, suffirait pour retenir quelque peu sur la pente de la dilapidation ces politiciens, grands ou petits, qui excellent à grossir les budgets et qui se croient tout permis, abrités qu'ils sont derrière l'ignorance où l'on demeure de leurs faits et gestes. Et quant à leurs complices, qui se taillent, à un titre ou à un autre, des traitements ou des rentes diverses dans la fortune publique, ils seront peut-être engagés par là à modérer leur appétit, à observer une certaine mesure.

Alors que les diverses administrations se montrent si empressées à nous renseigner sur tant de choses d'un médiocre intérêt et à donner un soin extrême à celles dont nous avons en général le moins cure, ce n'est pas pousser l'indiscrétion bien loin, semble-t-il, que de leur demander un état exact, précis, minutieux de leurs comptes que nous avons toute raison de désirer connaître. Les contribuables ont le droit de savoir à un sou près, et sans qu'on leur dissimule rien, à quoi et à qui vont leurs deniers, et de demander les livres et les tiroirs grands ouverts.

Les entreprises particulières qui ont affaire avec le public et désirent mériter sa confiance ne manquent pas de publier chaque année un tableau de leur situation financière, qu'il est possible à chacun de se procurer sans peine. Le plus souvent même, elles y sont obligées par la loi. On sait ainsi exactement ce qu'elles font et où elles en sont. Est-ce que, peut-être, ces grandes entreprises qui s'ap-

pellent les administrations politiques, intéresse-
raient moins la communauté, et nous fera-t-on
croire qu'une surveillance régulière exercée par
les intéressés y serait moins nécessaire?

On a compris en divers pays l'excellence de la
mesure que nous recommandons en ce moment.
Pour ne citer qu'un exemple, nous avons sous les
yeux le « rapport annuel des recettes et des dépenses » d'une petite localité près de Boston.
C'est une brochure très serrée de plus de 100 pages, où figurent toutes les sommes payées par
l'autorité communale au cours de l'exercice (nous
en avons trouvé ne s'élevant qu'à 60 cents, soit
3 francs) et, chaque fois, en toutes lettres, à côté
de l'indication du travail fait ou de la marchandise
fournie, le nom de la personne à qui l'argent a été
compté.

Donc, la plus large publicité partout, la continuer où elle existe, la créer où elle n'existe pas,
la développer où elle n'existe qu'à peine, voilà,
nous semble-t-il, une des manières sérieuses d'engager la grande campagne pour le contrôle et le
relèvement des finances publiques. Et quand les
communications imprimées que nous réclamons
entraîneraient quelques frais, il serait aisé d'en
prendre son parti, puisque le but poursuivi ici est
d'arriver à une vigilance sévère exercée sur les
dépenses et, partant, à des économies.

VII

Troisième moyen pratique : exposer la situation financière sous une forme qui permette de s'y reconnaître à première vue.

Ce n'est pas tout encore de publier des comptes
administratifs avec le détail désirable. Il faut de
plus qu'ils laissent une impression d'ensemble
conforme à la réalité, qu'ils montrent à tous les
yeux où l'on en est. Or, il y a encore bien des
progrès à réaliser.

Dans la brochure singulièrement instructive
qu'il publiait sous le titre : *La situation financière
de la France en 1886*, M. Henri Germain a écrit les
lignes suivantes qui font rêver : « J'ignore s'il y a
dix personnes sur les dix millions d'électeurs qui
sachent exactement ce que l'État emprunte chaque année, et, au risque de paraître exagéré, j'affirme qu'il n'y a pas cent personnes en mesure de
connaître comment chaque exercice se solde en
excédent ou en déficit » (¹). M. Germain n'étant
pas un homme à mystifier ses lecteurs ni, avec

(¹) P. 7.

son autorité de financier, à voir moins clair que d'autres dans les colonnes de chiffres, nous sommes bien forcés d'admettre que les pouvoirs publics n'ont pas une méthode fort heureuse au moins quant à la clarté, car elle peut offrir certains avantages d'un autre genre.

On sait que le procédé de comptabilité derrière lequel s'abritent les gouvernants consiste en général à avoir deux budgets : l'un, le budget ordinaire qui est censé représenter les frais permanents de l'administration avec les ressources correspondantes, et que l'on fait en sorte d'équilibrer d'une manière convenable; l'autre, le budget extraordinaire, où il est entendu qu'on ne mettra que les dépenses ayant un caractère exceptionnel telles que celles qu'entraînent de grands travaux publics ou des frais de guerre, et auquel il est pourvu par l'emprunt.

On discute, épluche le budget ordinaire, mais, lorsqu'on croit être arrivé à un résultat satisfaisant, voilà que le budget extraordinaire gâte tout; on se laisse entraîner à le grossir d'une quantité de choses qui ne devaient pas y figurer. Aussi en parle-t-on le moins possible (¹).

(¹) Nous lisons dans la brochure de M. Germain (p. 24 et suivantes) :

« J'aborde le budget des travaux publics, qui s'est élevé de 200 millions à 650 millions. Cette augmentation illégitime de près de

Il faudra bien convenir que si une maison de commerce s'avisait de tenir ses écritures comme les pouvoirs publics tiennent parfois les leurs, elle pourrait arriver à des résultats d'une haute fantaisie. Rien ne l'empêcherait, étant en pleine déconfiture, de parler de sa prospérité exceptionnelle.

Il devrait pourtant y avoir un moyen de présenter une situation budgétaire vraie et en trois chiffres : doit, avoir, différence. Il n'est pas, après tout, fort difficile de totaliser les sommes qui vont ensemble, et de faire une simple soustraction. La loi aurait à établir ici une règle stricte comme le Code de commerce le fait pour les registres d'affaires.

Tolérer la publication de comptes qui montrent mal l'état de la fortune publique et permettent,

450 millions a bouleversé nos finances, au grand détriment de la richesse publique. Les auteurs responsables de cette exagération de dépenses ont conscience de leur faute. Au lieu de se vanter de leur œuvre et de mettre en évidence ces 650 millions, ils les dissimulent soigneusement...

« Par quel artifice de comptabilité est-on parvenu à faire illusion au public, aux chambres et à la commission du budget elle-même ? Rien n'est plus facile à expliquer. Plus les dépenses augmentaient et plus on diminuait le budget des travaux publics ! Ce budget figurait en 1875 pour 200 millions, il n'est plus inscrit aujourd'hui (en 1886) que pour 120 millions. Ainsi, tandis que les dépenses augmentent en réalité de 450 millions, on les diminue en apparence de 80 millions. Je demande à tout homme de bonne foi si une telle comptabilité a pour but d'éclairer le contribuable ! »

pour ne pas dire créent, les plus graves méprises, ne saurait être que désastreux. La vigilance des citoyens à l'endroit des dépenses est nécessaire : or, comment l'espérer quand on ne néglige rien pour les endormir ?

L'abus contre lequel nous nous élevons est susceptible de se diversifier à l'infini : il y a mille manières de pratiquer les escamotages et les virements de fonds, de masquer la vérité vraie quand elle gêne. Il peut en outre se produire dans tous les ressorts administratifs, et parfois un simple maire de village ne le cédera guère à un premier ministre dans l'art de disposer les chiffres pour la plus grande gloire de sa gestion, sinon de la vérité.

Pour réagir contre la tendance éminemment vicieuse et funeste que nous venons de caractériser, que faire ?

Renoncer aux budgets extraordinaires, sauf dans les cas où le cours normal des choses est suspendu par quelque gros imprévu ? C'est là une méthode qui a été défendue par de très bons esprits, mais qui peut offrir des difficultés assez sérieuses d'application.

Renoncer, pour le budget ordinaire, à une loi annuelle dont la discussion fait perdre sans grand profit un temps précieux, et voter au moins certaines parties du budget, ainsi que cela se fait en

Angleterre et en Allemagne, pour plusieurs années à la fois ? Ce serait le moyen, pense-t-on, de porter l'attention des Chambres et du public sur les budgets extraordinaires, qui sont la principale source des gros déficits.

Voilà tout au moins des réformes à examiner, et il en est encore d'autres semblables. Le problème, si hérissé qu'il puisse être de difficultés, n'est pourtant pas insurmontable ; il sera résolu du jour où l'on voudra s'en occuper sérieusement.

Il est du reste déjà certains exemples à suivre. Nous pourrions nommer tels pays où pas une voix ne s'élève pour reprocher aux autorités de cacher leur jeu par des artifices financiers, et où, si l'on se plaint, ce n'est que des chiffres eux-mêmes et non de la manière dont on les arrange.

Entre autres nations, il est permis d'affirmer que l'Allemagne, l'Angleterre, les Etats-Unis et la Suisse (surtout en ce qui regarde l'administration fédérale), sont arrivés à des résultats dont on fera bien de s'enquérir.

Tout au grand jour ! c'est la maxime des démocraties dignes de ce nom.

VIII

Quatrième moyen pratique : établir par une disposition formelle de la loi que les budgets seront, dans la règle, soldés à l'aide d'une catégorie d'impôts à échelle mobile.

Il est urgent de faire passer dans les habitudes des ménages politiques un principe qui est universellement reçu dans la tenue des ménages particuliers qui se respectent : c'est à savoir que l'emprunt n'est pas une manière de régler ses comptes.

Il est sans doute des moments où les autorités comme les simples particuliers se trouvent dans l'obligation, soit pour vivre, soit pour améliorer leurs conditions matérielles de faire appel au crédit. Nous nous sommes déjà expliqué là dessus. Nous avons parlé des crises qui peuvent sévir sous la forme d'une guerre, d'un fléau public, et qui obligent à trouver des ressources immédiates. De même il peut arriver que l'on ait à exécuter sans retard des travaux importants appelés à contribuer à la prospérité générale et à devenir à leur tour, on l'espère du moins, une source importante de revenus, mais qui, à l'origine, exigent une mise de fonds plus ou moins considérable. Ces cas exceptionnels devraient être distingués de celui où une administration est tout simplement appelée à faire face à des charges qu'elle connaît, qui reviennent périodiquement, et, comme on dit, à joindre les deux bouts. L'essentiel est de ne pas se laisser aller ici à des interprétations de fantaisie, à des subtilités byzantines qui permettent d'échapper quelque temps aux difficultés d'une situation embarrassée, mais ne la résolvent pas. Nous ne reviendrons pas, à ce sujet, sur ce que nous avons dit dans le chapitre précédent.

Quant à déterminer à quel point exact finit ce qu'on pourrait appeler l'activité courante, le train ordinaire de la vie, et commencent les situations exceptionnelles, c'est affaire à ceux qui gouvernent. Et si, de leur côté, les autorités en venaient à déclarer à la légère qu'elles sont en présence de besoins n'ayant pas le caractère de dépenses normales, régulières, de frais d'entretien du ménage politique, ce serait aux citoyens à reviser leur arrêt : nous présenterons plus loin un procédé de consultation populaire, qui permettra, en toute circonstance, au pays lui-même, de reprendre les rênes du char de l'État des mains de ceux auxquels il les avait remises, lorsqu'il estimera que l'on fait fausse route.

Il semblerait que, dans les années paisibles où il ne survient pas de circonstances de nature à dérouter l'économie d'un budget, on dût tenir à honneur de régler les comptes d'un exercice avant d'en commencer un autre. Il y a là, pensera-t-on, une question de dignité. Certains hommes d'État n'ont pas laissé d'en convenir.

On sait, par exemple, que les patriotes qui jetèrent les bases de la grande république des États-Unis, Jefferson entre autres, entendaient que chaque génération payât ses dépenses, et ne voulaient pas entendre parler de dettes perpétuelles. C'est peut-être à ce ferme enseignement (ainsi que l'observe quelque part M. de Laveleye) qu'il faut attribuer l'ardeur apportée par les autorités fédérales américaines à amortir l'énorme dette résultant de la guerre de sécession.

Malheureusement, la dignité ne suffit pas toujours pour maintenir les pouvoirs publics dans la voie de la sagesse. Ils peuvent avoir d'autres soucis plus pressants que ces satisfactions d'amour-propre, si légitimes soient-elles. Du reste, il est assez aisé de comprendre le point de vue auquel ils se placent.

C'est celui qu'énonçait l'un des personnages de Molière, l'ingénieux Harpagon, lorsqu'il disait que faire bonne chère avec beaucoup d'argent n'est pas une grande merveille, et que le comble de l'habileté, c'est de faire bonne chère avec peu d'argent.

Or, en politique, faire bonne chère, c'est jouir, soi et les siens, des avantages du pouvoir et, pour rester en place, dépenser largement, donner et promettre à tous, faire beaucoup, faire grand, administrer le pays, la province ou la commune au point de vue électoral.

Et dépenser peu d'argent, revient à ne payer que ce que l'on peut de comptes et à laisser à ses successeurs le soin de régler les arriérés.

Certes, cela n'a pas très bonne façon, mais il est tant d'autres choses laides auxquelles on finit pourtant par s'habituer. Et d'ailleurs les raisonnements spécieux ne manquent pas pour pallier le scandale.

Après les années maigres, s'écrient, en prophètes convaincus, nos administrateurs rassurés, viendront les années grasses où les recettes donneront des plus-values et où, les grands travaux du pays achevés, il sera facile de rétablir l'équilibre budgétaire. Il est vrai que d'ici là, bien des déficits auront été s'englober dans quelque emprunt et que, même si l'on réussissait à rétablir l'équilibre budgétaire, on aurait toujours accru les charges publiques.

La majorité qui gouverne ne manquera pas non plus de représenter que la minorité a marché avec elle la main dans la main, ce qui, en effet, est souvent le cas. Celle-ci n'osait faire une opposition sérieuse aux demandes de crédit, dans la crainte de se rendre impopulaire. Après lui avoir fait voter les dépenses courantes, on arrivait avec de nouvelles demandes ayant un caractère d'urgence plus ou moins prononcé et qu'en plus d'une occasion on avait habilement réservées pour le moment où les ressources ordinaires auraient déjà trouvé leur emploi. La minorité maugréait, faisait des réserves, mais n'osait pas se mettre en travers ; et d'ailleurs elle n'eût rien pu empêcher.

Il y aurait eu peut-être un moyen de se tirer d'affaire. C'était d'élever les impôts, mais si l'on s'étonne que la majorité n'y ait pas songé, elle répondra encore que la minorité ne s'en est pas avisée davantage.

Et, en effet, celle-ci n'a pas estimé, et très justement, avoir à prendre l'initiative d'une demande de ressources nouvelles. On n'eût pas demandé mieux que d'employer sa patte à tirer les marrons du feu, mais il lui a paru naturel, normal, que ceux qui gouvernent, qui ont la responsabilité financière, qui votent les dépenses, eussent aussi la peine et l'ennui de venir demander au pays l'argent qui leur manque. Et d'ailleurs, on pouvait se demander si une augmentation de ressources aurait diminué le déficit, devenu un mal invétéré, une chose toute naturelle, une sorte de besoin. Quoiqu'il en soit, la minorité, affirme-t-on, n'a pas eu d'autre politique financière que la majorité. De quel droit, dès lors, jetterait-elle la pierre à ceux qui gouvernent?

C'est ainsi que les partis au pouvoir se lavent les mains des désordres financiers, même les plus insolents, et pour un peu s'en feraient un titre de gloire. Quels bons amis du peuple que ceux qui ne lui refusent rien de ce qui lui est nécessaire, et hésitent encore à lui imposer de nouvelles charges!

Nous ne saurions pourtant admirer cette politique de casse cou, de fils de famille prodigues, et nous préférons, quant à nous, le système qui prévaut en Angleterre dans le budget national et que M. Gladstone caractérisait d'une manière heureuse en disant qu'un peuple doit payer sa gloire.

On sait que de l'autre côté de la Manche il y a un impôt à échelle mobile, l'*income-tax* ou impôt sur le revenu, qui sert à assurer l'équilibre du budget. Si la différence entre les dépenses et les recettes ordinaires se traduit par un déficit considérable, l'impôt sur le revenu est fortement relevé. C'est ainsi qu'on l'a vu, pendant la guerre de Crimée, monter jusqu'à 6 ou 7 % pour redescendre ensuite à la moyenne actuelle, d'environ 2 à 3 %.

Nous ne saurions entrer dans le détail, ce qui nous mènerait très loin, et serait sans utilité. Il suffit à notre but d'avoir indiqué le principe de l'*income-tax*.

Nous avons toutefois cette crainte, qu'en chargeant un impôt de cette nature de solder le budget, on ne courre un danger réel : celui d'immoler parfois une catégorie de citoyens sur l'autel de la patrie, et de provoquer dans le pays la formation de deux classes hostiles de contribuables : ceux qui paient un fort *income-tax* et les autres, qui pressurent les premiers. Aussi préférerions-nous de voir l'échelle mobile étendue à un nombre aussi grand que possible des branches de l'impôt.

L'effet d'une telle réforme serait certainement considérable. Les contribuables sentiraient que ce qui se dépense se paie, et que c'est à eux qu'on s'adresse pour cela. Ils distingueraient entre les administrations coûteuses et les administrations prodigues. On ne les verrait pas applaudir parfois à ceux qui les ruinent sans qu'il y paraisse et, plus tard, quand d'autres hommes viennent leur demander de l'argent pour réparer les folies de leurs devanciers, traiter ces derniers presque en ennemis publics, et récompenser par une réelle ingratitude le dévouement dont ils ont fait preuve en consentant à se mettre à la brèche dans une heure difficile.

C'est ici, à n'en pas douter, un nouveau moyen d'obtenir une meilleure gestion des affaires publiques dans toutes les sphères administratives. Et, une fois de plus, nous avons affaire en ce moment à un procédé qui n'est pas nouveau pour la plupart des démocraties avancées. En un grand nombre de pays, en effet, l'équilibre budgétaire est déjà réalisé à l'heure qu'il est, au moins en matière communale, à l'aide de centimes additionnels venant s'ajouter aux impositions fixes, et dont le taux varie suivant les besoins.

Pourquoi cette pratique ne serait-elle pas élargie? Où est la difficulté?

IX

Cinquième moyen pratique : prescrire législativement
que tout déficit budgétaire sera porté aux dépenses
de l'exercice suivant.

On aurait fait ce que nous venons de conseiller
au sujet de l'impôt à échelle mobile que l'on ne
saurait pourtant être assuré de solder le budget
sans déficit. Entre le moment où la quotité de
l'impôt aura été fixée et la fin de l'année finan--
cière, il pourra se passer bien des choses.

On connaît les crédits supplémentaires et extraordinaires qui arrivent au moment où on les
attend le moins, soit par le fait de besoins im-
prévus qui se manifestent, soit par suite de retards
souvent calculés de la part des autorités administratives. A toutes ces dépenses, il est généralement pourvu au moyen de la dette flottante que
l'on grossit par là souvent démesurément, mais
sans cesser de trouver la chose des plus naturelles. Toutefois, dès que la dette flottante atteint un
certain chiffre, on se trouve dans l'obligation de
la convertir en une dette définitive.

Nous n'avons rien à dire contre la dette flottante qui est une nécessité. Nous ne condamnons que la facilité avec laquelle on permet aux corps investis du soin d'administrer les intérêts de tous de rejeter sur elle leurs déficits, et de faire ainsi mentir les promesses d'ordre et d'exactitude financière que paraissait fournir l'élaboration attentive du budget. En donnant pour ainsi dire carte blanche aux divers corps de l'État quant à l'usage de la dette flottante, on les pousse à la dépense et à l'imprévoyance. De l'avis de tous les théoriciens qui ont agité cette question, comme aussi de celui des hommes politiques que l'intérêt n'aveugle pas, faire de la dette flottante un moyen *in extremis* d'absoudre tous les péchés admininistratifs, c'est tenter ceux auxquels on confie la gestion des intérêts publics.

La dette flottante ne pouvant être supprimée, il faut donc s'arranger de manière à vivre avec elle ; mais il faut l'empêcher de nuire. Le moyen serait, nous semble-t-il, de poser en principe, dans la loi, que les crédits votés après la discussion du budget devraient être couverts provisoirement par la dette flottante, mais réglés plus tard définitivement à l'aide des recettes de l'exercice suivant (¹).

(¹) Nous croyons nous souvenir qu'un ancien président du département des finances du canton de Genève, M. A. Chenevière, avait fait une proposition ou émis un vœu dans ce sens devant la

En entrant dans cette voie, la dette flottante resterait ce qu'elle doit être, une sorte de fonds de roulement qui permettrait de marcher en attendant d'avoir en caisse les ressources ordinaires, mais elle ne prendrait pas le caractère d'un emprunt dissimulé, presque fatal. En certains pays, la liquidation de la dette flottante se fait déjà, au moins dans la règle, à échéances fixes : la méthode est bonne, et c'est pour cela qu'il conviendrait de la rendre générale en l'appliquant aux différentes administrations du pays, et plus strictement qu'elle ne l'a été jusqu'ici.

Peut-être cependant les pouvoirs publics trouveront-ils le boulet un peu lourd au pied. Mais alors de deux choses l'une : pour se débarrasser de l'arriéré qui les entrave, ou bien ils consolideront la dette flottante, ou bien ils établiront, à titre temporaire ou définitif, de nouveaux impôts leur assurant le supplément de ressources dont ils ont besoin.

législature. Afin d'arriver à une répression sérieuse des dépenses, il demandait que l'on imposât des centimes additionnels pour le déficit de l'année précédente. Cela lui paraissait être un correctif efficace, parce que, de cette manière, la peine suivait immédiatement la faute, tandis que les emprunts sont décidément d'un emploi trop commode pour certains bourreaux d'argent.

Le conseil était bon, et, partant d'un homme qui possède en ces matières une compétence reconnue par tous les partis, on pouvait espérer de le voir suivi. Il n'en fut rien cependant, et ce qui nous reste à dire sur ce sujet montrera assez pourquoi.

A dire vrai, ni l'une ni l'autre de ces solutions n'est populaire, mais l'une et l'autre auront du moins ce mérite d'être parfaitement correctes et de faire pénétrer la lumière dans des arcanes où règnent en général l'ombre et la confusion. On aime mieux faire durer un provisoire qui n'engage pas directement les responsabilités et laisser, si possible, à l'avenir le soin de résoudre les difficultés de l'heure présente. Mais quand les mandataires de la démocratie verront ce qu'il en coûte à leur popularité d'accroître la dette ou d'élever les impôts au vu et au su de tout le monde, ils seront plus attentifs à éviter les désordres financiers. Ils feront en sorte de pouvoir inscrire au budget, en temps utile, toutes les demandes d'argent importantes, et de réserver en outre la somme nécessaire pour faire face à l'imprévu, autant du moins que l'imprévu n'aura rien d'extraordinaire et de gravement anormal.

Rien encore dans la pratique préconisée ici d'absolument nouveau.

N'arrive-t-il pas fréquemment, en effet, qu'en votant un crédit, une partie de la somme est inscrite au budget de l'année, tandis que le reste est porté au compte de l'exercice suivant, ou même échelonné sur un certain nombre d'exercices successifs. Or, qu'est-ce là sinon faire rentrer dans le courant budgétaire régulier des dépenses qui, autrement, auraient chargé la dette flottante et déjà, en réalité, constitué une dette virtuelle n'attendant plus, pour être réelle, que sa consolidation ?

Et qu'est-ce encore sinon appliquer aux choses de l'État un principe de conduite que connaissent tous les chefs de famille qui savent administrer leur bien et auquel ils se conforment naturellement ?

X

Sixième moyen pratique : décentraliser l'administration; autrement dit remplacer, partout où il sera possible, les services nationaux par des services locaux, ressortissant à la province ou à la commune.

« Partout où il sera possible », avons-nous dit, et nous devons faire cette réserve expresse, car il est bien clair qu'il ne saurait être question ici d'une transformation complète, d'un renversement absolu de l'ordre de choses actuel.

Il est, en effet, certains services aujourd'hui dans la main du gouvernement central et que l'on ne saurait songer à lui ôter : qui pourrait imaginer, par exemple, de décentraliser l'armée et d'en faire un service local ? Par la force des choses l'armée doit, au contraire, obéir à une direction unique et, dans les pays où elle avait commencé par relever plus ou moins des autorités locales, nous voyons, par une évolution incessante et irrésistible, le pouvoir central investi peu à peu du soin de présider à la défense du territoire.

Nous pourrions faire la même observation au sujet de certaines parties de l'instruction publique.

En ce qui concerne l'enseignement primaire et l'enseignement secondaire, il nous paraît y avoir un avantage considérable à décentraliser, étant donné toutefois que l'Etat édictera des mesures générales ayant pour but d'assurer à toute la population le minimum de connaissances reconnu indispensable à la prospérité d'un Etat. Il est bon, en effet, que chaque région soit intéressée directement à la bonne marche de ses écoles, par les sacrifices qu'elle accomplit pour elles. Mais il n'en va plus de même quand on s'élève aux branches supérieures de la science proprement dite et du savoir technique. Cet enseignement est fort coûteux, et, au lieu de multiplier les universités et les écoles spéciales dans des conditions mauvaises, il vaut mieux se contenter de quelques établissements entretenus par le budget national et destinés à toutes les parties du pays. Rien n'empêchera d'ailleurs de leur accorder, dans leur administration intérieure, un certain degré d'autonomie.

Nous nous plaçons ici dans le système qui est celui de toute la vieille Europe, où l'instruction, à son degré le plus haut, est du ressort des gouvernements ; en Angleterre, et surtout en Amérique, où l'initiative privée fait presque tout dans ce domaine, nous n'aurions garde de revendiquer pour les pouvoirs publics la direction et l'entretien d'une lourde entreprise qui marche en général fort bien sans leur concours.

Nous ne sommes donc pas pour amputer à tout prix l'administration nationale, mais en regard du problème qui nous occupe dans ces pages, nous estimons qu'il y a un intérêt de premier ordre à appuyer les mesures tendant à décentraliser les services publics.

Il est vrai qu'il faut un certain courage pour relever les mérites de la décentralisation, car il n'est guère de pays où ne s'affirme au contraire, à cette heure, une disposition à faire intervenir l'autorité supérieure dans une foule de cas où l'on avait l'habitude autrefois de se tirer d'affaire sans elle. L'usage s'établit de faire appel à tout propos à des subventions, allocations, donations diverses, et les gouvernements, qui savent que celui qui paie commande, ne répugnent pas trop à accéder à ce genre de requêtes.

Or, voici où gît le danger, et il est tel qu'on ne peut passer à côté avec indifférence. La centralisation administrative place en quelque sorte au milieu du pays une grande corbeille remplie d'écus, où chacun est invité à venir puiser. Il est sous-entendu que cet argent n'a pas une destination absolument précise et que les personnes, agglomérations ou individus, qui sauront manœuvrer avec habileté et surtout faire jouer les influences politiques, pourront obtenir une belle part dans la distribution de cette manne budgétaire. On dirait le butin que dans les temps anciens les vainqueurs se partageaient ou plutôt se disputaient entre eux après la bataille.

Chacun ne pense qu'à se faire octroyer tout ce qu'il pourra de crédits pour améliorer sa position ; du moment qu'il n'en coûte rien de demander, on demande, on enfle la voix, on élève des prétentions excessives afin de s'assurer au moins un petit lot.

Lorsqu'on est enclin à la prodigalité, il est, dans la vie ordinaire, une vulgaire considération qui agit parfois comme contrepoids : c'est la pensée du quart-d'heure de Rabelais. Mais ici, cette considération ne se présente pas, attendu que ce n'est pas celui qui dépense qui paie. Les favorisés du sort, qui tirent les plus grosses répartitions dans le partage budgétaire, ne sont pas plus chargés que les autres ; ceux qui, dans le grand banquet commun n'ont attrapé que quelques miettes ou pas même cela, paient leur écot aussi bien que les mieux traités. Dès lors, faire le modeste, ne rien réclamer ou réclamer timidement, discrètement, c'est se sacrifier au profit de gens qui n'auront pas les mêmes scrupules et dont la gloutonnerie sera largement satisfaite. On voit à quel point un pareil régime encourage le gaspillage.

Pour parer à ce fatal entraînement aux dépenses, il y a donc intérêt à décentraliser l'administration publique, et à faire rentrer dans le ressort de la province ou de la commune tout ce qu'on peut leur abandonner sans risquer de compromettre la bonne marche des affaires. Il n'est pas de moyen plus sûr d'habituer les hommes à la réflexion. Les esprits sont peu à peu amenés à comprendre que pousser aux dépenses c'est, du même coup, pousser à l'aggravation des impôts et que, de quelque manière que l'on s'y prenne, ce qui se consomme se paie. C'est quelque chose que le sentiment de la responsabilité en matière financière et il ne faut négliger aucune occasion de le réveiller.

Nous pensons que si l'on prenait la peine de mettre en parallèle les pays décentralisés et ceux où le budget afflue surtout au centre, comme le sang au cœur, on verrait, à n'en point douter, que les premiers sont ceux où l'on connaît le mieux le prix de l'argent et où, avant de parler de nouvelles dépenses, on est le plus porté à se demander comment il y pourra être pourvu. Plus l'argent trouve son emploi près du contribuable, puis il y a à parier que celui-ci voudra voir clair dans ses affaires. C'est ainsi que les pièces de cent francs d'un petit budget communal ont en général plus d'importance aux yeux de ceux qui sont appelés à les fournir directement, que les millions du budget national qui se répartissent sur l'ensemble de la population.

Nous pourrions invoquer en faveur de la décentralisation le témoignage de quelques-uns des maîtres de la science économique et politique.

Les lignes suivantes sont de Fawcett, l'économiste anglais qui, bien que privé de la vue, fit partie, il y a quelques années, du cabinet anglais : « On ne saurait rien imaginer de mieux que la centralisation pour affaiblir toutes les garanties d'économie. Chaque localité est intéressée à pratiquer l'économie, du moment qu'il est entendu que le district supportera le poids de toutes les dépenses. Mais qu'il s'agisse de l'argent de tout le monde, c'est une véritable bataille pour s'en emparer ; il n'est pas de ville, pas de district qui n'estime avoir un intérêt immédiat à se faire attribuer la plus large part de cet argent (¹). »

La centralisation et la décentralisation administratives se lient l'une et l'autre à certaines conceptions politiques, en sorte qu'il est très difficile de les considérer isolément. Eût-on raison, au point de vue des bonnes finances, de demander des mesures décentralisatrices, on risque toujours de venir se heurter à des difficultés d'un autre ordre : la politique pourra condamner ce que l'administration réclamerait.

(¹) *Manual of Political Economy,* p. 605.

Nous estimons pourtant que, sans faire courir
de risques à l'unité nationale, on pourrait, un peu
partout, accroître la part d'attributions de la commune, du district ou de la province, leur abandonner certains services dont ils s'acquitteraient
mieux que l'Etat lui-même. Et si leurs ressources
propres sont insuffisantes, que l'Etat leur accorde
des subventions calculées suivant un principe uni-
forme.

Est-il naturel d'ailleurs de voir traiter à cent
lieues de chez soi une question de route, de répa-
rations à un pont ou de nomination d'un fonctionnaire local ? Cela gagne à se faire sur place.

Il ne faudrait même pas craindre de laisser,
dans certaines circonstances, les ressorts politiques inférieurs, légiférer pour leur compte propre, sur des objets qui n'ont rien de politique et
dans lesquels il y avantage à substituer à une
mesure générale des solutions provisoires, facilement modifiables, et prêtant à des expérimenta-
tions précieuses. C'est ce que nous voyons à cette
heure dans les pays de race anglo-saxonne avec
le régime du *local option* qui permet à des circonscriptions administratives restreintes de se prononcer d'une manière indépendante sur ce qui
concerne la vente des boissons alcooliques (¹).

(¹) Voir la note à la fin du volume.

Sans aller si loin que M. de Molinari qui préconise la sécession

Tout en prêchant la décentralisation administrative, nous n'avons garde de nous en dissimuler les difficultés, et nous sommes assuré que, quoi que l'on fasse, le budget national restera toujours à des chiffres très élevés. Aussi, sentonsnous le besoin de fortifier la réforme que nous préconisons en ce moment par une autre réforme tendant à un résultat analogue. C'est notre chapitre XI.

individuelle en matière administrative, nous croyons cependant devoir signaler ici le XIV⁰ chapitre de son intéressant volume les *Lois naturelles de l'économie politique*.

On trouvera également des aperçus très justes sur cette question dans le livre de M. Paul Laffitte, *le Suffrage universel*, chapitre IV. L'auteur a raison de faire remarquer en passant que « chacun, en s'occupant des affaires de la paroisse ou du comté, fait son apprentissage de citoyen ».

XI .

Septième moyen pratique : substituer autant qu'il est possible les impôts directs aux impôts indirects.

John Stuart Mill signalait en Angleterre « une vieille sympathie pour les impôts indirects, ou plutôt une antipathie marquée à l'endroit des impôts directs. » Il expliquait ce sentiment par la mauvaise humeur que l'on éprouve à devoir tirer de l'argent de sa poche pour le remettre à un percepteur. On consent volontiers, observait-il, à acquitter de forts impôts sur le thé ou le vin mais, comme ils font corps avec le prix de la marchandise, on ne s'en aperçoit pour ainsi dire pas.

Et il continuait en ces termes : « Certains amis des réformes estiment que, précisément parce qu'il est désagréable, l'impôt direct vaut mieux. Avec lui chacun sait exactement combien il paie .. S'il n'y avait que des impôts directs on se sentirait bien plus touché par le fisc et il y aurait là, au point de vue de l'économie dans les dépenses publiques, une garantie qui manque encore (¹). »

(¹) *Principles of Political Economy*, t. II, p. 468 et 469.

Nous reconnaissons avec le célèbre économiste d'outre-Manche, et la grande masse de ses confrères, que remplacer les impôts indirects par des impôts directs est plus facile à dire qu'à faire, et nous le reconnaîtrons mieux encore un peu plus loin.

Mais il nous suffit que des hommes de l'importance de Mill aient vu dans les impôts directs un frein contre les fortes dépenses pour que nous les recommandions très expressément à l'attention. A notre point de vue, c'est le système idéal. Il est vrai que l'économiste anglais que nous avons invoqué ne s'est pas fait, en fin de compte, l'avocat des impôts directs, leurs inconvénients lui paraissant contrebalancer et au delà leurs avantages. Mais ils ne sont pourtant pas condamnés par la réflexion et la science, et nous n'en voulons pour preuve que les lignes suivantes, empruntées de Joseph Garnier, qui fut rédacteur en chef du *Journal des économistes*, l'un des principaux organes des doctrines traditionnelles en économie sociale :

« L'impôt, lisons-nous, doit être préférablement *direct*.

« Afin que la charge qui pèse sur le contribuable soit bien apparente, afin que le législateur et les citoyens puissent toujours se rendre compte des sacrifices faits pour la garantie de la sécurité et pour les autres fonctions ou services confiés à l'autorité publique par l'association générale, ou par la communauté des citoyens taxés.

« L'impôt direct est la contribution de l'homme libre (¹) ».

Nous sommes donc en bonne compagnie quand nous insistons sur les avantages de l'impôt direct.

Mais nous rencontrerions une adhésion beaucoup moins empressée si nous nous avisions d'aller plus loin et de défendre spécialement la forme la plus rationnelle de l'impôt direct, savoir l'impôt sur le revenu (fortune et gain professionnel). C'est celui qui prête le plus aux reproches d'ingérence des autorités dans les affaires privées. Il est assez fréquent de le voir qualifié dans le monde des économistes et des hommes politiques de système odieux.

Ce qui déplait surtout au contribuable dans l'impôt sur le revenu, c'est son caractère toujours un peu inquisitorial. Le gouvernement doit se renseigner exactement sur la fortune et les gains de chacun ; s'il s'en tenait aux dépositions des intéressés, sans les contrôler, il encouragerait la dissimulation, et l'impôt finirait par atteindre surtout les gens honnêtes que l'on punirait ainsi indirectement de leur délicatesse de conscience. Un contrôle exact est donc nécessaire, mais il n'en est

(¹) *Traité de finances*, 4ᵉ édit., p. 161.

pas moins gênant, il entraîne des tracasseries, et lorsque, dans l'intérêt de ce contrôle, on publie le rôle nominatif des impôts, c'est plus encore que des tracasseries : c'est une indiscrétion.

Nous ne parlerons pas (ce qui après tout nous touche peu ici) de la facilité que l'on donne en même temps à certaines personnes dont les affaires sont embarrassées, de se faire déclarer officiellement plus riches qu'elles ne sont en réalité, afin de relever leur crédit.

L'impôt sur le revenu demande, en tout cas, beaucoup de tact pour n'être pas trop vexatoire.

Mais les impôts directs, de leur côté, n'offrent pas que des avantages. Ils coûtent cher à percevoir. Ils frappent toutes les classes de la société de la même manière, ce qui revient à dire qu'ils sont, à proportion, beaucoup plus lourds pour les pauvres que pour les gens aisés. Il en est bien quelques-uns qui atteignent surtout le luxe, mais ce ne sont pas en général les plus importants, et les impôts de consommation, auxquels les gouvernement recourent le plus volontiers, grèvent toujours, comme qu'on s'y prenne, les petits ménages d'une manière excessive. Nous pourrions donc renvoyer la balle à ceux qui la jettent. Nous aimons mieux reconnaître tout simplement que les différents systèmes d'impôts, comme toutes les choses humaines, ont du pour et du contre.

Donc, en général, l'impôt sur le revenu est très. impopulaire.

En dehors des cercles très démocratiques on éprouve presque de la surprise en certains pays, en France par exemple, quand une parole autorisée s'élève en sa faveur, fût-ce même timidement. C'est pourtant ce qui arrive quelquefois.

Ainsi M. Léon Say, qui par son nom et son talent représente avec éclat les tendances de l'école économique libérale, déclarait, il y a deux ans, tenir pour évident « qu'il faut asseoir autant que possible les impôts sur la fortune et le revenu de ceux qui, en fin de compte, sont appelés à les supporter » (¹).

Mais ce qui est assez curieux à constater, c'est que l'impôt sur le revenu ne laisse pas, nonobstant

(¹) *Turgot* (« les Grands ecrivains français », bibl. Hachette), p. 47. Dans un ouvrage publié un an avant celui-là : *les Solutions démocratiques de la question des impôts*, le même auteur avait pourtant combattu l'impôt unique sur le revenu et même, en général, à raison des circonstances du moment, l'impôt sur le revenu en ce qui concerne la France. Voir la 2ᵉ et la 8ᵉ conférence.

Aux personnes désireuses de se former une opinion raisonnée sur la valeur relative des divers systèmes fiscaux, nous ne pouvons que recommander un substantiel volume de date récente l'*Impôt sur le revenu*. L'auteur, M. Joseph Chailley, estime que cette forme de l'impôt est celle des pays arrivés à un haut degré de civilisation.

En général, les économistes traitent l'impôt sur le revenu en partie double. Ils le trouvent excellent en théorie, mais détestable en pratique, et balancent son compte en se prononçant contre lui.

tous ses inconvénients et les craintes qu'il inspire, de prendre pied ici et là, et de s'étendre petit à petit. Il existe aux Etats-Unis, au moins dans nombre d'Etats. Il existe en Angletterre depuis près d'un siècle, avec quelques interruptions : c'est l'*income-tax* ; il a été introduit à une date plus récente en Allemagne et en Italie. Plusieurs cantons de la Suisse l'ont déjà appliqué pendant un temps plus ou moins long, soit sous la forme incomplète d'impôt sur le capital, soit à l'état de véritable impôt sur le revenu.

Mais il y a mieux que cela, et nous connaissons un très petit peuple qui a osé aller encore plus loin. Un des membres de la famille helvétique, le canton de Neuchâtel, a proclamé l'impôt sur le revenu, qui ailleurs se présente toujours comme une taxe accessoire, la base unique de son régime fiscal. Il a réussi par ce moyen à se procurer des ressources régulières avec une grande économie de frais, puisqu'il ne dépense guère en perception que 3 à 4 $^0/_0$ de ses recettes, tandis que certains impôts indirects et les droits de consommation coûtent souvent six ou sept fois autant à réaliser. Mais ce qui vaut mieux encore que cette économie d'argent, pourtant toute au profit des contribuables et qui n'est point à dédaigner, c'est l'effet moral qu'un système d'impôt direct très généralisé ne saurait manquer de produire, et à ce point de vue on peut affirmer que l'expérience tentée à Neuchâtel n'a point contredit les prévisions : il y règne une correction administrative que l'on chercherait en vain sur d'autres coins de terre placés dans une situation analogue (¹).

(¹) Pour dire toute la vérité, nous devons ajouter qu'à titre transitoire le canton de Neuchâtel a conservé les droits de mutation, les droits de succession et le monopole du sel, ce qui constitue encore une légère entorse au principe consacré par la loi de finances d'un seul impôt direct.

Il faut se souvenir aussi que la Confédération suisse, dont Neuchâtel fait partie, a des douanes et quelques autres ressources secondaires. Il n'importe, et si l'on veut étudier sur le vif l'impôt direct, Neuchâtel est à cette heure un champ d'observation presque unique.

Puisque nous parlons des expériences faites dans ce petit pays, signalons encore un heureux essai destiné à parer à l'inconvénient du paiement en une fois de l'impôt. C'est une grande commune qui, pour ses propres affaires, vient de le tenter (la décentralisation a décidément du bon). Nous détachons les lignes suivantes des journaux suisses du mois de mai 1889 :

« Afin de faciliter aux petites gens le paiement de leurs impôts à la caisse communale, le conseil municipal de la Chaux-de-Fonds a voté l'introduction du système des timbres d'épargne pour les contributions ; ces timbres, en fractions de 25 cent., 50 cent. et 1 franc, peuvent être pris dans les magasins, ou dans les dépôts créés par la commune ; ils sont collés ensuite successivement sur une carte délivrée par la chancellerie et cette carte, aussitôt qu'elle est couverte d'un nombre de timbres équivalant à la somme due au fisc, est présentée par le contribuable au bureau de perception de l'impôt, sur quoi quittance lui est délivrée.

« De la sorte, l'ouvrier le plus pauvre peut payer ses contributions, sans que sa petite caisse ait, ce qui est le plus difficile pour lui, à supporter d'un seul coup une trop forte saignée. »

Il s'agit ici, il est vrai, d'un très petit pays, mais c'est une expérience qu'il nous offre et rien ne vaut un simple fait. Encore une fois nous n'avons pas la ridicule prétention de faire en quelques lignes le procès aux impôts indirects et l'éloge des impôts directs. Nous avons simplement voulu montrer que les impôts directs tendent à faire prévaloir l'économie dans la gestion des finances publiques et que, sous leur forme avancée d'impôt sur le revenu, leur impraticabilité, que l'on a si souvent proclamée, n'est peut-être pas aussi absolue que le répètent quelques-uns de leurs adversaires.

Malgré toute notre prédilection en leur faveur, nous ne nous dissimulons pas le temps qu'il faudra encore pour qu'ils deviennent partout la ressource principale, fondamentale. Et cependant, il y a une circonstance générale de l'époque où nous vivons qui nous entraîne de leur côté.

C'est, comme on l'a souvent remarqué, la tendance à se servir de l'impôt pour corriger les inégalités sociales. On sait ce que nous en pensons, mais, quoi qu'il en soit de la valeur de cette théorie, elle exerce une influence marquée sur la législation.

Nous ne saurions mieux conclure sur la grosse question que nous venons d'aborder qu'en nous appropriant les paroles de M. Luigi Cossa dans

son classique traité de la science des finances (¹).
« Il faut, écrit le savant professeur, établir un
juste équilibre entre les deux types d'impôts (directs et indirects), mais de telle façon, cependant,
que les réformes fiscales ultérieures puissent être
dirigées vers l'établissement d'un système d'impôts directs, soigneusement élaboré, et reçu
comme base d'un système financier rationnel. »

(¹) *Scienza della Finanze*, conclusion du chap. XII, à la fin du
volume.

XII

Huitième moyen pratique : sévir contre le cumul et les
sinécures.

L'idéal serait de n'avoir, dans l'Etat, que les
fonctions nécessaires et des fonctionnaires convenablement rétribués. Tout le monde en conviendra ; mais il ne saurait suffire de poser un principe
juste, il faut encore en assurer la mise en pratique
par des dispositions précises, inscrites dans la
loi. Dans l'espèce, on devra viser le cumul et les
sinécures.

Quand on se promène sur les terres de la politique et que l'on a auprès de soi un *cicerone* bien
renseigné, on n'est pas médiocrement surpris de
voir que, dans ce domaine aussi, il y a des mar-
quis de Carabas, poussant même très loin l'accaparement. Ce sont les meneurs des partis gouvernementaux et leurs lieutenants. Même phénomène,
d'ailleurs, dans l'administration provinciale et
municipale que dans le service de l'Etat, sans
compter que le cumul réunit souvent des fonctions

appartenant aux différentes sphères administratives.

Ces messieurs profitent de leur position personnelle et de leurs relatio: s pour se faire accorder plus d'emplois qu'ils n'en peuvent consciencieusement remplir. Ils ont une place principale et, à côté, les demi-places et les revenants-bons. Ils arrivent, de la sorte, à s'assurer des émoluments hors de proportion avec les services effectifs qu'ils rendent.

Une telle munificence ne saurait se tolérer, parce qu'elle coûte trop cher au pays qui n'a aucune raison d'imposer tout le monde pour le bénéfice de quelques privilégiés, et aussi parce que, avant de gratifier un petit nombre d'élus de traitements·excessifs, il serait mieux de commencer par relever les appointements par trop misérables des employés du gros monceau.

De quelle urgence n'est donc pas une loi sur le cumul, bien minutée, bien complète, marquant la limite maximum de ce qu'un fonctionnaire, soit comme emploi, soit comme traitement, pourra obtenir 'd'une ou plusieurs administrations publiques. En nombre de pays, des dispositions de ce genre ont déjà été prises, mais, nulle part, on n'a fait encore tout ce qu'il faudrait, tout ce qui s'impose.

La question de cumul réglée, restera celle des

sinécures, mais ici on pourra se heurter à des difficultés plus grandes.

Qu'est-ce qui constitue une sinécure ?

A partir de quel moment un emploi public devient-il une place sérieuse ? Le .travail d'un homme ne se mesure pas toujours au mètre. Voici pourtant dans nombre de cas, et sauf meilleur avis, un moyen de sortir d'embarras.

Une vacance survient dans une branche quelconque des services publics. Y a-t-il lieu de procéder au remplacement du fonctionnaire démissionnaire ou décédé ? Les autorités hésitent. Pourquoi alors ne pas soumettre les cas aux personnes qui sont occupées dans l'administration où le vide s'est produit, et ne pas leur demander si elles éprouvent le besoin d'être complétées ? Ce sont là, du moins, de bons juges, bien à même de décider en pleine connaissance de cause. Il serait, d'ailleurs, sous-entendu que si les employés consultés estimaient pouvoir suffire à la besogne, on leur bonifierait en augmentation de traitement une partie de l'économie réalisée par suite de la réduction de leur nombre. Et si l'on se prononçait en faveur de la suppression de l'emploi vacant, un essai provisoire permettrait toujours de se faire une idée de la manière dont la combinaison inaugurée est susceptible de satisfaire.

Les cumuls et les sinécures et tout ce qui s'en

rapproche, ont pour résultat d'élever sans nécessité les dépenses publiques et, en outre, de faire porter le travail sur un nombre restreint de pauvres hères qui ont à peu près toute la charge, mais sans leur part légitime des profits qui en découlent. *Sic vos, non vobis.* Eh bien, tâchons d'éliminer des fonctions publiques, chaque fois que les circonstances s'y prêtent, quiconque ne gagne pas le pain qu'il mange, ne conservons que les hommes utiles, et payons-les alors convenablement.

Nous avons parlé spécialement jusqu'ici des fonctionnaires, mais le principe que nous posons est aussi bien applicable aux hommes investis de charges publiques, et qui ne sont, à nos yeux, que des fonctionnaires d'un ordre supérieur.

Avoir trop de députés, de conseillers, de membres des pouvoirs exécutifs, outre que c'est inutile -- le travail n'en allant pas mieux pour cela -- est coûteux. Les mal rétribuer n'est pas équitable, n'est pas digne, et c'est de plus les exposer à des tentations malsaines.

En entrant dans la voie indiquée, le pays fera encore des économies, et, ce qui ne sera pas un mince sujet de satisfaction, on verra disparaître graduellement ces positions officielles absolument misérables, qui trouvent preneur, mais ne permettent pas à leurs titulaires de vivre et leur préparent une longue série de déceptions et de regrets. Une enquête sociale, même superficielle, montre qu'il y a dans cette espèce de prolétariat du fonctionarisme et de la politique, une cause d'affaiblissement aussi bien matériel que moral pour toute la communauté.

Neuvième moyen pratique : limiter, aux différents degrés de la hiérarchie administrative, sauf quelques cas
réservés, la durée des hautes fonctions publiques.

Abordant, il y a quelque temps, tout plein du
sujet traité dans ces pages, un ancien magistrat
d'une petite république, nous lui posâmes à brûle
pourpoint cette question : « Y a-t-il un moyen
d'enrayer les déficits, et lequel ? »

Nous avions affaire là à un vieux radical, scep-
tique, très défiant à l'endroit des réformes politiques, mais que nous savions n'être pas parmi les
satisfaits ; nous l'avions entendu en maintes occasions se plaindre de la façon dont les autorités
malmenaient les finances du pays. Sans un instant
d'hésitation et avec l'accent d'une conviction
ferme et mûrie, il nous répondit : « Il faut empêcher ceux qui gouvernent de s'éterniser à leur
poste. »

Et, là-dessus, notre honorable interlocuteur se
mit à nous expliquer des choses dont nous nous
doutions déjà bien un peu, mais qui, dans sa bou-

che, prenaient une saveur particulière : comme quoi il est très difficile de courir deux lièvres à la fois, d'être un chef de parti, tout occupé de stratégie électorale et cherchant à rester en bonne odeur auprès des siens, et un administrateur sévère, scrupuleux ; que le meneur de bataillons politiques fait forcément tort à l'homme de gouvernement ; que le caracrère le mieux trempé finit par s'user dans la lutte inégale contre les intérêts particuliers, les petites réticences forcées qui cachent des engagements pris sous-main, et la tyrannie de l'esprit de coterie, — et que si l'on veut vieillir dans la politique, il faut se résigner aux exigences du métier.

Ces remarques si conformes à l'expérience ordinaire, sont doublement justes lorsqu'elles s'appliquent à des magistrats pour qui la politique est un gagne-pain qu'il leur serait difficile de remplacer par un autre, ou même une suprême et dernière ressource. Combien de gens qui y sont entrés délibérément comme dans un port hospitalier et à qui il déplairait de tenter de nouvelles carrières lucratives ! Et combien d'autres y ont échoué, ainsi que Robinson dans son île, à la suite de mésaventures diverses ! Tous ces hommes tiennent à leur position, et ce n'est pas nous qui leur jetterons la pierre, aux derniers surtout : un naufragé ne saurait affronter de gaieté de cœur les flots auxquels il vient d'échapper, et il se cramponne à son appui.

Mais si nous nous expliquons à merveille la satisfaction toute spéciale que certaines catégories de citoyens éprouvent à pouvoir, au moyen de la politique, gagner leur pain et celui de leurs enfants, nous avons peine pourtant à ne pas penser aussi au pays qu'on jugule. Certaines individualités trouvent leur compte à gérer ses intérêts, mais y trouve-t-il lui-même le sien ? Va-t-on attendre d'un homme qui se cramponne à sa place, surtout s'il est besogneux, qu'il ouvre les yeux sur le désordre et les abus ? On ne peut se reposer sur lui avec confiance. Il déplairait gravement et risquerait d'attirer sur lui des représailles. Il aimera mieux détourner la tête, Il fera du zèle dans les petites choses pour se dispenser de remplir tout son devoir dans les grandes.

Il est donc permis de présumer qu'en limitant la durée des fonctions publiques, les magistrats civils seraient moins détournés de leur tâche par les raisons d'ordre personnel, et sauraient mettre plus souvent leur bon renom d'administrateurs vigilants et consciencieux au-dessus du souci de leur popularité.

On connaît M. Grover Cleveland, l'ex-président des Etats-Unis, dont le départ de la Maison Blanche ne date que du printemps de cette année. Il

soutint, dans une circonstance solennelle, cette idée
d'une limitation apportée à la durée des fonctions
publiques. C'était dans la lettre qu'il adressait, le
18 août 1884, au « comité national démocratique,»
pour lui notifier formellement son acceptation
de la candidature qu'on lui offrait à la dignité de
chef de l'Etat. Voici le passage auquel nous faisons
allusion :

« Si nous considérons, écrivait-il, l'autorité que
confère cette haute charge, les séductions du
pouvoir, le désir de chercher à conserver, une fois
obtenue, une fonction publique, et par dessus tout,
l'utilité que trouve un parti à réélire un ancien chef
de l'Etat qu'une légion de quémandeurs de places,
se rappelant des bienfaits reçus et nourrissant
l'espoir d'obtenir de nouvelles faveurs, sont prêts à
aider de leur argent et de leur habileté consom-
mée en matière électorale, nous conviendrons que
la possibilité de réélire un président constitue un
danger sérieux pour la liberté de choix, calme,
réfléchie et intelligente qui doit caractériser le
gouvernement du peuple par le peuple. »

Dans ces lignes, l'éminent homme d'Etat qui a
tenu pendant quatre ans d'une main si ferme les
rênes de la grande nation américaine, se prononçait, comme on voit, contre la thèse de la réélection du chef de l'exécutif. Il est seulement à regretter qu'après une déclaration si précise, il soit

revenu en arrière et ait consenti, l'an dernier, à
se laisser remettre en élection.

Voici encore une autre adhésion à la même
doctrine des fonctions publiques limitées, émanant
d'un vétéran de la politique américaine qui, lors
des dernières élections présidentielles, figurait, —
à côté de M. Cleveland pour président — comme
candidat à la vice-présidence de l'Union sur le
ticket « démocratique ».

« Mes amis, s'écriait déjà en 1872 le sénateur
Thurman, vous n'aurez jamais de réforme administrative sérieuse tant que vous n'aurez pas
établi une seule présidence de quatre années.
Aussi longtemps que le titulaire peut espérer
d'être réélu après un premier exercice, il emploira
son immense influence gouvernementale à se faire
proclamer de nouveau candidat et à assurer sa
réélection »

Depuis un peu plus d'un siècle que la grande
république d'outre mer existe, une tradition qui
remonte à l'exemple donné par l'illustre Washington et qui a pris force de loi, n'a pas permis qu'un
président restât aux affaires pendant plus de
deux exercices, soit huit années de pouvoir con-
tinu. Cela même paraît un peu long, et des voix
autorisées s'élèvent de l'autre côté de l'Atlantique
pour dire que c'est trop. La doctrine d'un seul
exercice, mais d'une durée de six ans au lieu de

quatre, rallierait facilement, à ce que nous croyons, un grand nombre d'excellents esprits.

Voilà de grands exemples à imiter, ou tout au moins à méditer.

Nous prévoyons bien que le principe que nous soutenons en ce moment ne laissera pas de soulever des objections, même assez vives. On s'étonnera que nous prétendions fermer la politique aux hommes qui voudraient en faire leur carrière, et remplacer la stabilité dans le gouvernement par le mouvement perpétuel.

Pour ce qui est du mouvement perpétuel, on n'est pas forcé d'y arriver. Cela dépend de ce qu'on mettra dans la loi, et nous ne voyons aucun intérêt, quant à nous, à ce qu'on limite à un trop petit nombre d'années la durée des fonctions publiques qu'un homme pourra remplir. C'est un point à examiner. Mais ce qui nous paraît foncièrement mauvais, c'est la politique devenant à tous les étages une carrière pour un certain nombre d'individus qui finissent par être absolument encombrants, et qui partent du principe que le pays ne saurait se passer de leurs services.... rétribués.

Mais on nous demande encore si nous prétendons que l'on doive confier la direction d'un État au premier venu, sans s'inquiéter de savoir s'il a, oui ou non, de l'expérience et ce sens politique qui, pour être un don de nature, n'en a pas moins besoin pour se développer d'une pratique prolongée des affaires.

Que l'on se rassure. Quand il s'agit des hautes fonctions du gouvernement, les corps constitués pourront continuer à y appeler les individualités qui leur paraîtront le mieux qualifiées pour ce redoutable mandat. On ne demandera pas aux ministres d'Etat depuis combien d'années ils sont en fonctions, et ils ne seront soumis à aucune rotation obligée. Ils jouiront d'une immunité particulière en considération du fait que les sujets capables de tenir des portefeuilles peuvent n'être pas très nombreux.

Aux étages supérieurs de la politique, nous comprenons la politique de carrière, alors même que nous ne croyons guère aux hommes providentiels, nécessaires, et tout en nous disant que plus un pays se démocratise plus c'est lui, en fin de compte, qui gouverne par la voix de ses élus.

Mais si nous passons aux gouvernements locaux, dans les pays qui jouissent d'une certaine décentralisation, et aux municipalités, la situation n'est plus la même. On conviendra bien que, dans ces organismes, ce qu'il faut aux hommes qui forment le pouvoir exécutif, c'est bien moins le génie politique que l'indépendance et la loyauté. En fait de génie, le bon sens et une honnête mesure d'intelligence suffisent.

Or, ici nous sommes absolument persuadé qu'une limitation de la durée des fonctions publiques aurait, dans l'ensemble, les résultats les plus heureux. Elle empêcherait dans ces sphères inférieures une foule d'errements. Les places ne seraient plus occupées par des hommes qui, trop souvent, combattent pour les conserver et se transforment en petits politiciens. On verrait un nombre plus grand de citoyens consentir à s'occuper pendant quelques années des affaires du pays, et, lorsque des hommes se succèdent au même poste, ils ne sont pas tenus de perpétuer les abus qu'ils rencontrent en arrivant. Il y a de bonnes chances qu'ils fassent, comme on dit, balai neuf.

Donc, pour bien faire, les membres des pouvoirs locaux, répondant à ce qu'on appelle en Suisse les conseillers d'État, en Amérique les gouverneurs, ainsi que les maires des communes, ne devraient, pensons-nous, pouvoir conserver leur position que pendant un certain nombre d'années stipulé dans la loi.

Que si l'on nous objectait encore : mais vous allez priver des administrations du concours précieux d'hommes qui en ont jusqu'ici été l'âme, nous ferions observer que ce n'est point là une conséquence forcée ni même probable. L'idée que les anciens magistrats locaux ou municipaux qui auraient dû quitter leur fauteuil après épuisement de leur cycle d'années légales, seraient mis à la retraite et finis comme influence, n'a pas même abordé notre esprit. Ils reviendraient en général à l'expiration de leurs charges exécutives, siéger dans les assemblées nationales ou locales, ainsi que dans les conseils municipaux, où leur voix serait écoutée et où leur connaissance des affaires leur permettrait de rendre encore les plus grands services. Nous ne sommes pas sans connaître aujourd'hui déjà d'anciens magistrats qui, par le fait des circonstances, continuent à une autre place de travailler efficacement à la prospérité de la chose publique.

La réforme que nous préconisons en ce moment aurait certainement pour résultat de diminuer le coulage dans l'emploi des deniers publics ; elle amènerait, en outre, comme on voit, un résultat accessoire qui n'est pas à dédaigner : celui de former des groupes d'hommes nombreux à la connaissance des questions d'intérêt général et au maniement des affaires publiques. Ce serait double profit.

XIV

Dixième moyen pratique : fermer l'accès des assemblées délibérantes et des corps administratifs aux fonctionnaires des différents ordres, et interdire à tout élu du peuple des relations d'affaires personnelles avec les autorités au milieu desquelles il siège.

Rien de plus ordinaire que de voir siéger dans les conseils du pays des hommes qui sont au service de l'Etat, de la province ou de la commune. Or, quand on sait à quelle faible majorité s'y décident souvent de grosses questions, on s'étonne qu'on laisse intervenir dans des luttes si serrées des combattants entachés d'un véritable vice originel.

Et, en effet, de tels hommes, quels que soient d'ailleurs leur intelligence, leur expérience des affaires et leur patriotisme, ne sauraient inspirer une pleine et entière confiance. Ils n'ont pas tout ce qui est indispensable pour pouvoir collaborer utilement aux travaux législatifs ou administratifs. Ils manquent d'indépendance.

Supposons qu'ils se trouvent dans une assemblée provinciale ou dans un conseil municipal. Commë mandataires du peuple, ils sont tenus de se placer au point de vue de l'intérêt public. Le pourront-ils toujours ? A combien de ménagements ne seront-ils pas obligés ? Se rangeront-ils du côté des économies lorsqu'il en sera proposé, alors qu'en appuyant les mesures destinées à les assurer, ils risqueraient de se mettre à dos certaines parties de cette population qui les paie et dont ils sont les serviteurs, et notamment les groupes avancés, favorables à l'extension du domaine de l'Etat ? Lorsque le fonctionarisme, comme une plante parasite, plongera ses racines au cœur même de la richesse nationale, tarissant la source des revenus, paralysant la vie et l'activité économiques, pourra-t-on compter sur eux pour le combattre ? Est-ce eux, fonctionnaires, qui séviront contre des fonctionnaires ? Non ; leur intérêt les engage, au contraire, à garder des ménagements. Il y va de leur repos ; qui sait ? peut-être de leur avenir, car certaines colères soulevées peuvent un jour se condenser en une cabale, et il y a des cabales qui réussissent.

Mais ce n'est pas tout. Les hommes dont nous parlons pourront un jour avoir en face d'eux, dans les assemblées dont ils font partie, leurs supérieurs hiérarchiques, les magistrats qui les ont nommés, de qui ils relèvent et qui possèdent les moyens, sinon de les révoquer sans motifs, du moins de retarder leur avancement et de leur faire des passe-droit. Suppose-t-on qu'ils auront absolument leur franc parler quand ils discuteront avec eux, et qu'il leur sera aisé de les traiter d'égal à égal, de mandataire du peuple à mandataire du peuple ?

Il est vrai que, par la portée de leur esprit et l'ascendant de leur caractère, comme aussi par leur position de fortune personnelle, certains fonctionnaires sont dans une situation à pouvoir conserver, même avec les membres du gouvernement dont ils dépendent, leur liberté d'appréciation et de discussion. Mais cette liberté sera-t-elle toujours tout ce qu'elle devrait-être ? Ne souffrira-t-elle pas un peu, de fois à autre, de certains calculs, peut-être inconscients, commandés par la prudence humaine ? En tout cas, il faudra bien convenir que l'ensemble des circonstances heureuses que nous supposons est plutôt rare, et que la plupart des gens qui émargent au budget n'ont ni l'autorité ni l'indépendance nécessaires pour pouvoir, même si peu que ce soit, aller de l'avant sans souci de leurs intérêts immédiats.

Enfin, — et c'est là une considération qui a aussi sa valeur — il faudra bien convenir que l'orsqu'un fonctionnaire se mêle aux agitations de la politique, c'est presque toujours au détriment des devoirs de sa place, du travail pour lequel il est payé et qu'on est en droit de lui demander de soigner. Il s'y fatigue, il s'y distrait, il revient à sa besogne ordinaire la tête pleine de choses qui l'intéressent davantage. Le tort fait par le député ou le conseiller au fonctionnaire peut même être plus grave. Il y a parfois des juges qui siègent dans des assemblées délibérantes. Or, on estimera bien avec nous qu'un représentant de la loi et du code a besoin, pour tenir d'une main sûre les balances de la justice, de rester à l'écart des luttes des partis.

D'ailleurs, à première vue et sans s'arrêter à tous les détails que nous venons de présenter, ne sent-on pas ce qu'il y a d'anormal à remettre une partie du pouvoir à des hommes qui sont les agents du pouvoir ? Va-t-on demander aux soldats qui marchent dans le rang, de faire partie de l'état major et de s'associer à ses résolutions ? aux employés d'une grande maison de fixer le chiffre des dépenses et le taux de leurs propres salaires ? Nos démocraties modernes sont-elles donc tellement pauvres d'hommes qu'elles se voient contraintes, pour composer leurs différentes assemblées gouvernantes, de s'adresser à des citoyens qui font déjà partie des services publics, et cela au risque de les placer souvent entre leur intérêt particulier et le bien général ? Entend-on que les fonctionnaires se surveillent eux-mêmes et votent leur traitement ? On parle souvent de la division des pouvoirs, principe excellent, mais il nous semble qu'on ferait bien de distinguer aussi entre les hommes naturellement éligibles aux assemblées du pays et ceux qui ne le sont pas, et de s'occuper un peu de la division des fonctions dans l'État.

On affirme, il est vrai, que certains fonctionnaires, à raison même de la position officielle qu'ils occupent, sont aptes à rendre d'éminents services dans les corps délibérants et administratifs. Allez-vous, nous demandera-t-on, fermer l'entrée du parlement à un professeur de droit public ou celle d'une municipalité à un ingénieur préposé à ses travaux ? Ces hommes-là n'ont-ils pas des connaissances spéciales très précieuses et dont il serait absurde, pour une simple satisfaction de fidélité à un principe doctrinaire, de se priver tout à fait ?

Il nous semble que c'est trop se hâter de conclure. Les hommes dont on parle pourraient être d'un secours particulier... Soit, on aurait grand tort, en conséquence, de ne pas les utiliser. Mais est-il nécessaire pour cela de leur ouvrir les portes de la politique nationale ou locale? Ne pourrait-on pas les admettre, à titre consultatif, dans les séances où l'on suppose que leur concours pourrait être utile, ou, sans aller si loin, dans les réunions des commissions ? S'ils ont de bons avis à donner, il y aurait toujours moyen de leur en fournir l'occasion. Pourquoi encore ne pas leur demander une consultation écrite ? Celui qui paie a certainement le droit de se faire aider chaque fois qu'il le juge convenable, par ceux qu'il emploie.

Nous craignons que si l'on fait une exception pour une catégorie de fonctionnaires on ne se voie obligé de l'étendre à d'autres. Après le tour du professeur, que l'on aura voulu conserver, ce sera celui des instituteurs, à raison de leur entente des questions scolaires qui tiennent une place si considérable dans la vie publique ; après l'ingénieur il faudra admettre les autres techniciens, et pourquoi pas les simples employés, si ce sont des hommes dont on estime pouvoir tirer un bon parti ? Où tracer la ligne de démarcation entre les fonctionnaires éligibles et ceux qui ne le sont pas? N'est-ce pas là une opération arbitraire, et ne risque-t-on pas de ramener par la fenêtre, peu à peu, ceux qu'on aurait fait sortir par la porte ?

Uu grand nombre de constitutions posent le principe de l'incompatibilité entre les fonctions électives et quelques-unes des fonctions publiques, témoin l'Amérique, comme on le verra tout à l'heure. Ailleurs, les fonctionnaires députés ont à se faire suppléer pendant la durée de leur mandat. On a, en général, commencé timidement ; il faut

compléter la mesure et lui donner toute son extension. Le mouvement démocratique va bien de
ce côté, mais il ne s'accomplit pas sans hésitation,
il rencontre des obstacles.

Le plus sérieux est celui qui provient de la résistance des partis au pouvoir. Les gouvernements
tiennent à conserver les fonctionnaires dans les
différents corps de l'État ; ils ne s'en séparent
jamais qu'à la dernière, et après avoir tout fait
pour les retenir. Et cela se comprend. Ils n'ont
pas, à l'ordinaire, d'alliés plus dociles et plus dévoués, plus empressés à les défendre contre les
critiques et les attaques, votant mieux, leur mar-
chandant moins le temps et plaignant moins leur
peine. C'est donc toujours une victoire assez dure
à enlever qu'une extension du principe des incompatibilités.

Et pourtant, disions-nous, les populations sont
bien disposées pour cette réforme. C'est là un fait.
Elles entendent qu'un employé soit, avant tout, à
sa besogne, et nous n'avons pas souvenir de cas
où le peuple, ayant à se prononcer sur une question d'incompatibilité, se soit décidé en faveur du
cumul des fonctions. On peut donc aller de l'avant
avec confiance.

Nous ne nous faisons pas illusion, et nous sommes loin de penser que, pour avoir éliminé des
assemblées délibérantes, et *à fortiori* des corps

exécutifs, les citoyens qui émargent au budget de l'Etat, de la province ou de la commune, nous n'aurons plus affaire qu'à des hommes fonciè-rement dévoués au bien public. Les majorités gouvernementales, privées de l'appui précieux des fonctionnaires, tâcheront de les remplacer en faisant exercer par les comités électoraux une surveillance sévère sur l'orthodoxie et la souplesse de caractère des hommes appelés à entrer dans les conseils du pays. Quiconque ne sera pas disposé à se laisser conduire, à emboîter le pas dans les grandes occasions, sera rejeté comme un mauvais instrument. L'indépendance ne sera assurée aux mandataires et aux magistrats de tout ordre que par l'introduction de la représentation proportionnelle, dont nous parlerons plus loin.

Et pourtant, un citoyen non fonctionnaire, sera, en somme, moins malléable qu'un homme en place. Il se prêtera moins aux coups d'autorité d'une coterie intransigeante. Il pourra, certes, devenir un politicien et de la pire espèce, mais, n'est-ce pas déjà quelque chose que de savoir que ce Cléon moderne, qui ne voit dans le service du pays qu'un moyen de jouer un rôle et de tripoter avantageusement, n'est pourtant pas un fonctionnaire négligeant, pour d'autres poursuites, la tâche qu'il a acceptée, et allant tout de même, à chaque échéance, empocher un traitement qu'il n'a pas gagné ?

Pour être conséquent au principe que nous défendons dans ce chapitre, nous devons réclamer encore une autre incompatibilité.

Un fonctionnaire est un homme qui reçoit un traitement de l'Etat. Mais un mandataire qui, sans toucher de traitement, se trouve en affaire avec l'Etat, qui travaille pour lui, reçoit de lui des commandes, gagne enfin, de manière ou d'autre, peu ou prou avec ce client, n'est pas dans une situation fort différente. Ce n'est plus un défenseur sûr, parce qu'il n'est pas désintéressé, des intérêts de la communauté ; le bien public ne saurait plus constituer la règle invariable de ses décisions.

La constitution des Etats-Unis renferme un article ainsi conçu :

« Aucun sénateur ni représentant ne pourra, pendant la durée de son mandat, être nommé à aucune fonction publique fédérale qui aurait été créée et dont les émoluments auraient été augmentés pendant cette même période, et aucun fonctionnaire fédéral ne pourra siéger dans l'une ou l'autre des deux chambres et continuer à exercer ses fonctions (¹).

On voit qu'il y a ici deux incompatibilités. La première très étendue, radicale : le suffrage populaire ne peut porter son choix sur des fonctionnaires. La seconde qui n'est encore qu'un germe :

______

(¹) Article 1, section VI, 2.

un membre du congrès ne peut profiter de sa position politique pour se faire nommer à certains emplois.

Cette seconde restriction devrait aller plus loin et prendre à peu près la forme suivante: aucun mandataire, n'importe de quel ressort administratif, ne pourra, pendant la durée de ses fonctions, traiter avec l'autorité dont il fait partie et recevoir d'elle une somme quelconque.

Pour ne point parler des chambres nationales ni des assemblées locales, dans lesquelles les préoccupations personnelles font souvent un tort si énorme à l'intérêt public, que l'on considère seulement une simple municipalité dans une petite commune. Toute personne ayant vu les choses de près conviendra qu'une mesure du genre de celle que nous indiquons ne pourrait avoir que des effets excellents. On n'assisterait plus à ce partage entre les hommes même chargés d'administrer, des gros ou menus profits que peut procurer la gestion de la localité. L'économie exige cette réforme, et la décence aussi.

XV

Onzième moyen pratique: étendre les droits populaires
en matière de budgets et d'impôts.

Il semblerait, en bonne logique, qu'on ne puisse
dépenser l'argent de quelqu'un, ce quelqu'un fût-
il le peuple, sans son assentiment quant à la destination et à la quotité.

Mais, s'écrieront certains meneurs gouvernementaux qui trouvent que tout va au mieux du
moment qu'ils sont contents, n'est-ce pas là ce qui
se passe aujourd'hui, et les contribuables ne sont-
ils pas les maîtres ? Ils élisent différentes administrations publiques qui, pour leur compte, votent
les dépenses et les impôts ; si les hommes auxquels
ils ont accordé leur confiance les trompent, ils
cessent de leur remettre plus longtemps le soin de
leurs intérêts ; à la première élection, ils les rem-
placent par d'autres mandataires plus dignes. Que
voudrait-on de plus ?

Et, d'autre part, continuent ces mêmes panégy-
ristes de la politique actuelle, n'y a-t-il pas tou-

jours en face du pouvoir l'opposition, avec ses orateurs dans les conseils, ses journaux dans le pays et ses diverses associations ? Or, quelle est sa principale affaire? N'est-ce pas de veiller sur les actes de ceux qui gouvernent, d'éplucher leur gestion, de relever dans leur activité les moindres négligences, de signaler les moindres erreurs ? Si jamais les contribuables venaient à être exploités, quels avocats tout prêts à se saisir de leur cause, à emboucher toutes les trompettes ! Les autorités se sentent donc surveillées d'un œil qui ne leur passe rien; si elles ne marchent pas droit, le peuple donne un vigoureux coup de balai et choisit de nouveaux conducteurs.

En dépit de ces considérations plus spécieuses que solides, nous persistons à croire que le peuple, dans la plupart des cas, n'est bon que pour payer l'addition qui lui est annuellement présentée, et que l'on se soucie fort peu de lui agréer. Nous avons montré quelle poussée d'intérêts de toute sorte — ceux du parti, ceux des hommes en place et de leurs amis, intérêts personnels, intérêts électoraux — se produit au sein des majorités investies du pouvoir, et comment, sans cesser d'invoquer le bien général, celles-ci font danser la sarabande aux écus des contribuables. On changerait le gouvernement à chaque réélection qu'on n'empêcherait pas absolument cela.

Et quant à compter sur l'opposition pour intimider le gouvernement et le rendre sage, il ne faut rien s'exagérer. L'opposition est toujours suspecte d'obéir à la passion et de faire du dénigrement systématique. Elle manque d'autorité, elle est impopulaire, et s'il en était autrement, elle ne serait pas réduite à l'état de minorité. Devant ses attaques, la majorité se resserre, se concentre, proteste de son patriotisme, s'applique à faire voir que ses adversaires se sont associés à plusieurs des actes qu'on lui reproche, et l'assaut est repoussé.

Eh bien, est-ce là ce que l'on veut et doit-on s'accommoder de ce système ? Le pays auquel on impose des sacrifices inutiles, n'aurait-il donc pas les moyens de s'y refuser ? Viendra-t-il, en s'inclinant humblement, dire aux autorités constituées : « Allez toujours de l'avant, puisque je ne saurais vous arrêter, mais je vous retrouverai à l'expiration de vos fonctions ? » C'est pourtant un peu dur de se voir gruger sans être à même de se soustraire à l'opération. Choisir un homme d'affaires, n'est pas prendre un gérant et lui donner absolument carte blanche.

Tout cela est absurde et doit être rendu impossible. Il faut que celui qui paie commande effectivement, réellement, et tienne sous sa dépendance les pouvoirs publics qui ne sont que des délégués aux affaires. En matière financière, comme en tout le reste, il faut rendre la direction du pays au pays. Mais comment ?

En lui mettant dans la main deux leviers : le droit de *veto* ou *referendum*, et le droit d'initiative.

On sait en quoi consistent ces deux institutions. Le *referendum* est un produit de la démocratie suisse. A une ou deux exceptions près, il s'est introduit depuis une trentaine d'années dans tous les cantons qui forment la république helvétique, et il a pris place aussi, lors de la dernière revision de 1874, dans la constitution fédérale. C'est un privilège que s'est arrogé le peuple d'évoquer à soi les lois nouvelles et d'obliger les autorités à les lui faire ratifier par un vote. Progrès décisif, mais qui demande encore à être complété sous quatre rapports :

En premier lieu, le *referendum*, sous la forme qu'il revêt actuellement, est plutôt politique qu'administratif, et il importe qu'il soit l'un et l'autre. A la vérité, les décisions financières rentrent en général dans les questions sur lesquelles le pays peut prononcer, mais il faut pour cela qu'elles se présentent dans certaines conditions, et les budgets proprement dits ne tombent pas, en fait, sous son contrôle.

En second lieu, il arrive en général que les

corps politiques se réservent la possibilité de
soustraire exceptionnellement leur œuvre à la
ratification populaire, en votant ce qu'on appelle
l'« urgence ». Ceci est un autre point qui deman-
derait à être modifié. Cette faculté de déclarer
l'urgence étant suppressive du *referendum* lui-
même, elle devait tout au moins être limitée
expressément à un nombre très restreint de cas
où il y a une véritable nécessité à aller vite en
besogne. Il serait sage d'exiger en outre que les
décisions prises au sein des corps publics sur des
objets mis au bénéfice de l'urgence, le fussent par
un chiffre de voix supérieur à la majorité absolue,
par exemple les 3/4 ou les 4/5 des votants. Ce
serait une garantie de plus que l'on ne fera pas de
l'urgence un moyen d'éviter une consultation (¹).

Un troisième point qui demande réforme dans l'institution du *referendum*, ce sont les formalités exi-
gées pour le mettre en branle. Sur le terrain fédéral et dans la plupart des ressorts cantonaux suisses, il est facultatif, c'est-à-dire que, pour obtenir
une de ces épreuves plébiscitaires, il faut la

(¹) On sait qu'aux États-Unis, lorsque le chef de l'exécutif,
dépositaire de la souveraineté nationale, fait opposition à une
mesure quelconque votée par le congrès, il ne peut être passé
outre au *veto* présidentiel que si le bill remis en délibération réunit en sa faveur, non plus la majorité simple, mais dans chacune
des deux chambres les 2/3 des voix. — A Neuchâtel, l'urgence ne
peut être prononcée qu'à la majorité des 2/3.

demander par une pétition au gouvernement, appuyée du nombre de signatures légalement nécessaire. Or, cela entraîne des dérangements et des frais ; la conséquence est que le *referendum* ne joue que rarement et que, lorsqu'on y fait appel, il prend immédiatement les allures d'une campagne d'opposition. Mais, si c'est un droit, il ne saurait être ainsi entravé, et il doit cesser d'être facultatif pour devenir partout, ce qu'il est déjà en quelques endroits, obligatoire.

Le quatrième et dernier développement qu'exige le *referendum* est un élargissement de son domaine. D'une manière générale, il n'est appliqué qu'aux affaires de la nation et de la province (en Suisse, le canton). Mais pourquoi ne pas l'étendre aussi à l'administration communale ? C'est là, d'après nous, un *desideratum* de premier ordre. Les édiles ne sont pas plus infaillibles que les législateurs, et comme ils agissent souvent en dehors de toute publicité, ils se permettent plus facilement encore les coups d'audace. Il serait donc de toute nécessité de les obliger à se souvenir qu'ils doivent agir d'accord avec leurs mandants ([1]).

Nous arrivons maintenant à la seconde institution démocratique dont nous avons parlé.

Le *referendum* est un droit de *veto*; son corollaire est le droit d'initiative, que nous trouvons

([1]) Voir la note à la fin du volume.

également en activité depuis un petit nombre d'années dans plusieurs des républiques suisses. Le principe d'ailleurs est le même. Un groupe de citoyens, pourvu qu'il atteigne un certain chiffre, peut demander aux autorités qu'une proposition, — loi ou projet de loi — dont on leur envoie la forme exacte, soit soumise au peuple.

On ne saurait s'en tenir à doter les citoyens du droit de *veto*. Du moment qu'on les autorise à intervenir pour annuler une décision officielle, il faut logiquement leur permettre aussi de faire connaître leur volonté aux pouvoirs publics. Ont-ils rejeté une dépense ou un impôt comme trop élevé, il convient qu'ils puissent à leur tour indiquer les mesures qu'ils entendent substituer à celles dont ils n'ont pas voulu. Ou bien, lorsque, d'une manière générale, les autorités refusent de s'occuper d'une question urgente, il faut pouvoir les faire marcher en les en saisissant officiellement. Rien de plus conforme à l'esprit de la vraie démocratie.

Comme le *referendum* d'ailleurs, le droit d'initiative comporte certains développements: il demande, lui aussi, à être généralisé, par où nous entendons surtout étendu aux affaires locales, et simplifié dans sa mise en œuvre.

Le *referendum* et le droit d'initiative sont deux chemins qui nous ramèneront, après un long détour à travers le régime représentatif, au système de la démocratie pure du point de départ. A l'origine, le peuple lui-même, réuni sur la place publique, légiférait, votait ses dépenses et ses impôts. Ce sera encore le peuple qui, directement, présidera à ses destinées. Il n'abdiquera jamais entre les mains de ses mandataires, il ne cessera pas un seul instant de décider sur tout ce qui le touche.

A quel sentiment convient-il de rattacher et comment expliquer un fait qui s'est passé dernièrement en France? Nous l'ignorons. Tant y a que, dans le cours du mois d'avril dernier, les agences de nouvelles publiaient l'information suivante qui est en tout cas symptomatique :

« Le ministre de l'intérieur vient d'adresser aux préfets une circulaire relative à l'initiative prise par certains conseils municipaux de consulter directement, par la voie du *referendum*, les électeurs de la commune sur l'opportunité de certaines dépenses, de nature à grever le budget communal, à augmenter par conséquent les impôts.

« Le ministre déclare que cette manière de procéder est absolument illégale.

« Il rappelle que les conseils municipaux ont toujours le moyen de couvrir leur responsabilité et de consulter leurs mandants, soit en provoquant des réunions publiques, soit en donnant leur démission et en mettant ainsi le corps électoral en mesure d'approuver ou de désapprouver la mesure qui a motivé leur retraite.

« Mais, dans l'état actuel de la législation, l'intervention directe des électeurs dans l'administration communale au moyen d'un vote par oui ou non ne peut être tolérée, et les préfets devront annuler toutes délibérations tendant à organiser de semblables scrutins. »

Nous comprenons le ministre de l'intérieur lorsqu'il déclare que l'état actuel de la législation ne l'autorise pas à approuver l'emploi du *referendum* dans les affaires municipales. Aussi, il se serait contenté d'empêcher une inégalité, qu'il était pleinement dans son rôle. Mais il a fait plus, il a profité de l'occasion pour argumenter contre l'extension des droits populaires en matière financière et fiscale.

On aura remarqué les raisons invoquées. Les autorités, nous dit-on, possèdent actuellement déjà les moyens de savoir si elles agissent selon les intentions de leurs mandants. A elles, par conséquent, si elles sont prises de scrupules, d'y recourir.

Fort bien, mais si les autorités ne jugent pas utile de consulter leurs commettants, que feront ces derniers ? Comment s'y prendront-ils pour les contraindre à venir devant eux ? Il se pourrait que toute agitation de leur part fût parfaitement stérile et qu'ils demeurassent impuissants, même en présence des abus les plus criants, à empêcher leurs représentants de faire la besogne comme ceux-ci l'entendent. Ce n'est donc pas assez de mettre les corps politiques en mesure, s'ils le jugent bon, de tâter le pouls à l'opinion publique. Il faut encore — et c'est bien le moins — accorder au peuple, de son côté, des facilités égales et lui fournir les moyens d'obtenir un appel aux intéressés.

Si le peuple n'est consulté que lorsque les autorités y veulent bien consentir, il n'est plus maître, et ce sont ses représentants qui tiennent la clef de la maison. C'est le renversement de l'ordre naturel.

A vrai dire, nous n'aurions pas été peu surpris si nous avions vu un ministre d'Etat se montrer favorable à une extension des droits populaires. Chaque fois, en effet, qu'un pas a été fait sur ce chemin-là, l'initiative n'est pas partie d'en haut, mais d'en bas. Rien ne rend autoritaire comme l'exercice de l'autorité. Ceux qui commandent n'aiment pas à partager le pouvoir ; nous n'enlèverons rien à leur patriotisme en disant qu'ils répugnent à toute surveillance. La nature humaine est ainsi.

En Suisse, où le *referendum* et le droit d'initiative

ont conquis droit de cité, les gouvernements n'ont pas laissé de faire d'abord très grise mine à ces institutions, et ils les ont plutôt subies qu'acceptées. Et pourtant, la Suisse est un pays décentralisé, où des revendications d'un caractère démocratique prononcé ne sauraient déranger autant qu'ailleurs les habitudes prises.

Mais le *referendum* et le droit d'initiative, alléguera-t-on, ne conviennent qu'à de petits États comme la Suisse. Dans les autres, il faudrait chaque fois mettre en mouvement une machine formidable, ébranler des masses énormes d'électeurs, ce qu'on ne saurait faire que dans les cas d'importance majeure.

On conviendra pourtant que ce serait déjà quelque chose de pouvoir à l'occasion, et fût-ce même très exceptionnellement, montrer à ses maîtres qu'ils sont sujets à contrôle, qu'ils ont quelqu'un au-dessus d'eux.

Toutefois nous conviendrons bien que les deux institutions dont nous venons de parler demandent, pour remplir leur mission, des collectivités restreintes, et nous reconnaissons très volontiers la justesse et la finesse de cette remarque qu'on ne saurait « comparer les vagues d'un lac suisse à celles de l'océan » (¹).

(¹) M. B., article « Referendum » dans le *Dictionnaire général de la politique.*

Mais comparaison n'est pas raison. Il reste à voir, en effet, si les plus grands États ne pourraient pas se placer dans les conditions favorables requises. Or, ils n'ont pour cela, sans se démembrer, qu'à se décentraliser. Prenons, par exemple, une nation comme la France.

Il est bien clair que l'on ne consultera pas dix millions d'électeurs sur une dépense de 10,000 fr. portée au budget d'une commune quelconque ; mais on pourra consulter la commune elle-même, sans déranger le reste du pays, et nous pensons qu'on s'en trouvera bien. D'autre part, une question d'un intérêt départemental serait tranchée par le département.

Que l'on veuille bien songer aussi que le *referendum* et le droit d'initiative seraient susceptibles, en y prenant peine, de simplifications considérables. Nous pensons que si on voulait résolument faire entrer les plébicistes dans les institutions, on arriverait à consulter un grand pays sans le bouleverser le moins du monde ni susciter dans les esprits ces grandes vagues d'océan dont on nous parlait.

Enfin, que si l'on craint de trop s'engager, il y a toujours la ressource de limiter les occasions dans lesquelles le peuple serait autorisé ou appelé à émettre son avis. L'usage ferait voir si l'on s'y est bien pris, ou si les politiciens réussissent encore à passer par les mailles du filet.

XVI

Douzième moyen pratique : mettre à la base du système électoral le principe de la représentation proportionnelle.

L'exercice du suffrage populaire sous sa forme
ancienne et encore généralement usitée, a pour
effet de mettre sur le pavois, en chaque circonscription électorale, le parti politique qui a réuni
au scrutin la majorité des suffrages. Dans certains
cas l'usage considère comme suffisante la majorité
relative des voix ; dans d'autres, il faut arriver à
la majorité absolue, ce qui oblige à des scrutins
de ballottage.

Nous pourrions insister sur la flagrante injustice
qu'il y a à disposer ainsi de tous les avantages
disputés aux urnes en faveur du parti le plus
nombreux, et à ne laisser aux autres fractions de
l'opinion que quelques bribes de pouvoir cédées
à titre gracieux par le vainqueur, ou même absolument rien.

Nous pourrions montrer encore qu'avec le système électoral actuel, lorsque la majorité ne par-

vient pas à accaparer tous les sièges, il est rare que les différents partis en aient chacun la part qui leur revient. La majorité gouvernante découpe d'ordinaire les circonscriptions électorales de manière à avoir plus que son dû dans la répartition des fauteuils. Des faits inouïs sous ce rapport ne cessent d'être dénoncés même par des feuilles hostiles à la représentation proportionnelle, pour peu qu'il leur arrive de se trouver du côté des minorités opprimées.

« Ce sont de telles situations », écrivait l'autre jour l'un de ces journaux, « injustes, antidémocratiques, immorales, qui provoquent les haines et les divisions, ce sont elles qui provoquent les révolutions » (¹).

Nous le croyons certes bien, et ceci nous amène à formuler le reproche capital qu'au point de vue qui nous occupe, on peut adresser au système électoral que le passé nous a légué.

Il met fatalement en présence dans le pays deux grands partis qui finissent par étouffer toutes les dissidences sérieuses : un troisième parti intermédiaire, tel que le boulangisme en France, est un fait accidentel et anormal, forcément transitoire.

Dès lors, la majorité règne par une espèce de

(¹) Voir la note à la fin du volume.

nouveau droit divin et fait avant tout, pour se maintenir aux affaires, de la politique électorale. Ses membres marchent comme un seul homme, enchaînés par une étroite solidarité. Une forte discipline est de rigueur. Malheur aux esprits trop indépendants qui auraient la velléité de secouer le joug de ses caucus : leur compte sera réglé à l'élection suivante, où ils cesseront de figurer sur la liste du parti. On ne tolérera dans le rang que des gens décidés à marcher — soit conviction, soit souplesse d'échine — à la voix des chefs; des francs tireurs, on n'en veut pas.

L'intérêt de la coterie gouvernementale devient ainsi le grand régulateur, la norme, le critère de tous les actes. On vote le budget dans les conditions de chiffres et de franchise qui agréent à la majorité. Il serait avantageux pour elle de réaliser des économies qu'elle en ferait, mais comme d'ordinaire il lui est plus profitable de dépenser ferme, voire en excédant les ressources, elle va de l'avant et, sous couleur de bien public, grossit crédits, subventions, allocations, ordinaires et extraordinaires.

Quand la majorité qui mène l'Etat, la province ou la commune appartient à l'opinion radicale, on s'explique aisément les gros budgets. Les classes populaires sur lesquelles elle s'appuie entendent que les pouvoirs publics dépensent sans compter trop serré. Il leur paraît que c'est là le moyen le plus sûr de travailler à l'amélioration de leur sort, en même temps qu'à la prospérité générale. Quand la dite majorité arrive aux affaires, ses membres sont plus ou moins liés par des promesses du temps où ils étaient candidats. Ils ont ainsi des engagements à tenir et, bien qu'ils en oublient quelques-uns et en ajournent le plus grand nombre, encore faut-il qu'ils acquittent une partie de leur dette. Paris vaut bien une messe. Ils se sont acquis une situation, qui a des avantages positifs, sans compter la satisfaction d'amour-propre qu'elle leur procure et qui ne se cote pas en argent : ils y tiennent. Et après tout, ils ne font que ce que d'autres feraient à leur place. Manquent-ils d'ailleurs à se conformer aux vœux du pays qui leur apparaît surtout en la personne de leurs électeurs ? Bref, pour toutes ces raisons on pratiquera de fortes saignées à la bourse des contribuables.

Mais l'opposition, que fait-elle pendant ce temps? Ce qu'elle peut, et, en général, pas grand'chose. Elle est impuissante à enrayer le char à la descente, et elle n'ose se montrer trop intransigeante dans ses actes, de peur de compromettre sa popularité relative.

Et lorsque la majorité, au lieu d'appartenir à la tendance radicale, est d'une nuance modérée ou même conservatrice, nous avons déjà montré au cours de cette étude que l'on ne saurait s'attendre à ce qu'elle fasse des miracles, parce que, si elle s'applique consciencieusement, héroïquement, à relever les finances publiques, elle créera, sauf dans des circonstances exceptionnelles, des mécontentements qui entraîneront sa chute. Aussi préfère-t-elle, en général, se laisser aller, sans trop de résistance, au fil de l'eau, et ne pratiquer que des économies très discrètes.

Nous lisions, il y a quelques mois, le manifeste électoral lancé par la majorité conservatrice d'une administration provinciale suisse (le canton du Tessin) dans un moment de grande effervescence, à la veille du renouvellement des autorités : pour se recommander aux électeurs, elle se vantait d'avoir dépensé autant que la dernière administration radicale.

En conclusion, sous le régime politique actuel, il y a un entraînement presque irrésistible aux lourds budgets et aux lourds impôts. Mais le régime politique actuel c'est le gouvernement d'une majorité, et nous estimons — John Stuart Mill l'a déjà soutenu avant nous — qu'un système qui remettrait la direction du pays aux différents facteurs de l'opinion publique concourrait, de la manière la plus efficace, à assurer une administration meilleure. Ce système s'appelle : représentation proportionnelle.

Que veut-il, en effet ? Tuer les coteries.

Il part de ce principe foncièrement rationnel et équitable qu'il y a un criant déni de justice à attribuer tous les sièges disponibles au parti le plus nombreux, et qu'il convient de les répartir entre les divers groupes qui pourraient se former dans le pays, au prorata de leur importance numérique. Les corps de l'État, à tous les étages du pouvoir, offriraient ainsi une réduction du corps électoral, une sorte de photographie du peuple où les tendances dominantes du moment seraient fidèlement représentées.

On adresse, il est vrai, à la représentation proportionnelle de nombreuses objections, et il fallait s'y attendre. Nous n'en retiendrons qu'une, la seule qui ait une apparence de plausibilité, celle de l'émiettement des partis.

Au lieu de deux grandes armées marchant au scrutin, vous n'aurez plus, nous dit-on, que des régiments distincts, sans cohésion entre eux et dont chacun déploiera son drapeau et son programme. Les corps électifs refléteront cette extrême multiplicité de couleurs et de vues. Comment pourraient-ils, ainsi divisés, offrir une majorité de gouvernement solide ?

Nous avons peine d'abord, en ce qui nous concerne, à nous expliquer la formation de ces petits groupes innombrables et animés d'un esprit si particulariste, attendu que des groupes de ce genre ne sauraient reposer que sur des intérêts, et que les intérêts sérieux, de nature à fournir une plateforme politique, ne varient pas à l'infini. Mais laissons ce point.

Ny a-t-il vraiment aujourd'hui que deux grands partis en politique ? Non, il y en a davantage, mais à la veille des élections il se fait une double concentration. A droite comme à gauche les petits partis sont absorbés ; selon leurs affinités naturelles ils se joignent à l'un ou l'autre des deux grands partis. Eh bien, qui empêchera, dans le système proportionnaliste, que la même opération ait lieu au lendemain du scrutin ? Par la force des choses, on verra les diverses tendances se polariser en quelque sorte en deux opinions moyennes ; il est impossible qu'il ne se forme pas deux larges courants. Les régiments épars dont on parlait tout à l'heure se fondront nécessairement en deux masses, et un côté ou l'autre, selon qu'il possédera la supériorité du nombre, constituera la majorité de gouvernement, dont il n'y a pas à se mettre en peine.

Il pourrait sembler, au premier abord, que la situation ne sera pas profondément modifiée et que la seule différence entre les systèmes mis en parallèle, c'est que, sous le régime électoral actuel, l'amalgamation en deux grands partis a lieu avant les opérations du scrutin, tandis que sous le régime nouveau elle viendra après, en vue de l'exercice du pouvoir. Mais qu'on n'aille pas s'y tromper. C'est bien d'une immense révolution qu'il s'agit, et les cris que poussent certains meneurs politiques à la simple mention de la représentation proportionnelle sont, à cet égard, un symptôme des plus significatifs.

Les proportionnalistes entendent que le peuple lui-même prononce sur tout. Actuellement ce sont des comités électoraux occultes qui font les élections, et n'est nommé que celui qui a trouvé grâce à leurs yeux. Une fois les assemblées politiques formées, ce sont encore des comités occultes, les caucus, les « groupes », qui décident toutes les grosses questions : si les assemblées prennent la peine de siéger, si l'on y lit des rapports, si l'on y prononce des discours, si l'on y vote, ce n'est guère que pour la galerie. On sait d'avance pour ainsi dire tout ce qu'elles décideront. La discipline de fer qui a présidé déjà aux élections continue à peser sur le fonctionnement des partis.

Qu'un mandataire du peuple ait un jour la noble ambition d'en faire à sa tête, il ne compte pas et ne peut rien par lui-même. Désavoué par l'état-major de son armée, c'est un homme à la mer, à moins que l'adversaire ne le recueille : mais alors il s'entend traiter de « lâcheur », de transfuge, de renégat, et on lui rend l'existence amère. Il faut donc marcher à la baguette.

Or, que l'on introduise le principe proportionnaliste, aussitôt tout est changé. Les élus arrivent, non à la faveur de l'estampille apposée par un parti à leur candidature, mais par la confiance qu'ils inspirent. Ils n'ont pas besoin de plaire à la majorité des votants, et ils sont dispensés de capter la bienveillance en sacrifiant à la popularité. Pourvu qu'ils agissent dans le sens de leurs convictions, qui sont aussi celles des groupes qui les ont nommés, ils n'ont rien à craindre de personne. Plus pour eux de tyrannie brutale à subir, de camisole de force à revêtir.

Ils sont hors de page, et du coup l'atmosphère politique se purifie : c'est le jour qui se fait, c'est le droit pour chacun de n'obéir qu'à sa conviction intime.

On n'assistera plus à ce spectacle écœurant, et pourtant si fréquent aujourd'hui, de députés, d'hommes de gouvernement ou d'administrateurs locaux qui ont juré, en entrant en charge, de ne regarder qu'au bien du pays, et qui ne se souviennent pas vingt-quatre heures de leur promesse. Laissés à leurs propres instincts, ils voteraient pour les mesures utiles et repousseraient les autres, mais happés par l'engrenage, ils agissent à journée faite contre leur sentiment, contre leurs idées connues de tous; à journée faite ils chantent la palinodie. Le mot d'ordre du parti fait loi et la conscience se meurt.

La représentation proportionnelle, qui serait un grand acte de justice, permettrait donc d'espérer un retour à la politique d'affaires, honnête, intègre, patriotique, parce qu'elle est le coup de grâce porté à la politique des petits syndicats organisés en vue de la gestion du pays, ce qui implique toujours, en quelque mesure, une exploitation lucrative. Ce qu'elle menace, ce qu'elle rend impossible, ce n'est pas une majorité de gouvernement, c'est une majorité de dilapidation collective, et, de fait, impersonnelle.

Et n'est-ce rien encore au point de vue administratif, le seul que nous considérions en ce moment, que les garanties d'évolution progressive, incessante et sans secousse, que la représentation proportionnelle apportera et auxquelles elle ne saurait mentir?

Qu'on y réfléchisse, la chose en vaut la peine.

Avec le système aujourd'hui en vigueur, qui est-ce qui gouverne? La moitié plus un des votants. Nous disons bien des votants et non des citoyens, car ce n'est pas tout le pays électeur qui use de son droit de suffrage, mais souvent une fraction assez minime : le tiers, le quart, ou moins encore.

Les deux partis sont-ils de force très inégale, l'un d'eux, toujours le même, détient le pouvoir, et voilà l'autoritarisme en permanence, la discussion remplacée par l'acquiescement à la parole des chefs, les affaires gérées sans contrôle efficace, les abus de tout genre qui se perpétuent. On ne marche plus, on dort, jusqu'au jour où l'on se réveillera peut-être au bruit de la révolution grondant dans la rue et qui, elle, ne marchera probablement que trop vite.

Que les deux partis, au contraire, se trouvent de force presque égale, la politique va osciller sur le tranchant d'un rasoir. Il pourra suffire d'un déplacement de quelques voix pour remplacer une administration par une autre. Mais alors, changements de main fréquents, manque d'esprit de suite, écoles coûteuses et répétées, ce qui n'est pas non plus l'idéal.

Dans l'une et l'autre alternative ce n'est pas la nation qui gouverne : c'est un petit consortium qui s'appuie sur une majorité plus ou moins réelle qu'il a dans le pays et qui ne s'est constituée, en général, qu'à son corps défendant, parce qu'il a fallu opter, coûte que coûte, entre deux drapeaux.

Avec le principe de la proportionnalité, ni l'un ni l'autre de ces inconvénients n'est plus à redouter. Les principaux groupes constituant le corps électoral ne manqueront jamais de possé-

der, dans les différentes branches du gouvernement à tous ses degrés, leur part légitime .de
représentants. Ce sera tantôt un peu plus, tantôt
un peu moins, mais ils seront toujours là, pré-
sents à tout ce qui se fait, partie intégrante du
pouvoir, en mesure de parler et d'agir. Les
grands coups de bascule du suffrage populaire
n'iront jamais qu'à changer assez faiblement la
composition totale des corps publics. Ceux-ci resteront invariablement l'image du peuple, qui ne
procède jamais, quoi qu'il en semble, par rapides
soubresauts.

Le gouvernement des coteries, voilà toujours,
et à quelque point de vue que l'on se mette, le
grand ennemi. Il paralyse l'esprit d'indépendance
chez les hommes appelés à gérer les intérêts communs, et il enfante ou l'immobilisme ou l'insta-
bilité — deux maux qui se paient très cher. Travailler à ruiner les coteries, c'est donc le remède
par excellence, et voilà pourquoi la représentation
proportionnelle a une mission si haute à remplir.

Elle attaque le mal au début, selon le conseil de
la sagesse antique : *principiis obsta*. Hors d'elle on
pourra sans doute réaliser certains progrès heureux, élever quelques barrières autour du fisc
menacé, mais ce sera toujours un peu grêler sur
le persil, attendu que les mesures les plus excellentes ne valent que par la conscience des gar-

diens de la loi chargés de surveiller leur observation. Et tant qu'on n'aura pas modifié la composition des corps investis du mandat de légiférer et d'administrer, il est impossible de compter sur un concours efficace de leur part.

Ajoutons que le système électoral dont nous appelons de tous nos vœux l'avènement et qui nous apparaît comme la grande réforme de demain, a déjà, sur quelques points du globe, subi une épreuve décisive. L'Etat de l'Illinois, en Amérique, l'emploie pour la formation de la législature locale et, dans d'autres parties de la vaste république d'outre-mer, il sert pour la nomination des municipalités (¹). La République Argentine en fait un usage étendu, ainsi que le Brésil. Le vieux monde, enfermé dans l'étroit lacis de ses habitudes séculaires, va moins vite en besogne, mais il est pourtant entamé. Dès 1859, le Danemark acceptait le principe et en faisait une application limitée à la désignation des membres de la chambre haute. La Grèce l'a inscrit également dans sa législation et, au mois de décembre 1888, dans la nouvelle constitution qu'il octroyait au peuple

(¹) Il ne sera pas sans intérêt de remarquer en passant que si le régime proportionnel ne se trouve pas à la base du système représentatif fédéral en Amérique, cependant il fut, il y a quelques années, adopté par la chambre haute pour les élections de la chambre basse, laquelle, appelée aussi à se prononcer, ajourna l'affaire.

serbe en se séparant de lui, le roi Milan faisait de la représentation proportionnelle la pierre angulaire de l'édifice parlementaire, en sorte que c'est sur la base de la proportionnalité qu'auront lieu en Serbie les élections de l'automne prochain pour le renouvellement des chambres. Ce ne sont là que quelques faits, choisis il est vrai parmi les plus importants, destinés à bien marquer que nous ne nous repaissons pas de fumée et que la théorie proportionnaliste est tout autre chose qu'une utopie creuse.

Quand aux diverses méthodes qui permettent de la réaliser, nous ne saurions les exposer présentement. Qu'il nous suffise de dire, en renvoyant pour leur étude aux ouvrages spéciaux sur la matière (¹), qu'elles sont d'un emploi des plus simples et n'arrêteraient pas un enfant.

Si presque tous les partis au pouvoir qui ne se sentent pas menacés dans leur position, exècrent

---

(¹) Nous signalerons une véritable encyclopédie sur le sujet, rédigée avec un très grand soin et que vient de faire paraître (chez F. Pichon), la Société, fondée à Paris, pour l'étude de la représentation proportionnelle. Cet ouvrage a pour titre : *La représentation proportionnelle* et renferme, à côté d'une partie doctrinale et théorique, une partie historique du plus haut intérêt. A signaler aussi plusieurs opuscules de M. Ernest Naville dont la plume ferme et éloquente a rendu d'éminents services à la cause et, comme résumé de la question, les quelques pages y relatives dans la *Politique expérimentale* de M. Léon Donnat, un livre qu'on aime à citer.

du fond du cœur la représentation proportionnelle, il y a là une raison qui saute aux yeux.
Un vieux réformiste, sorti lui-même d'un de ces
partis intransigeants, l'exprimait devant nous en
ces mots : « Ils ne veulent pas lâcher ». Mais il
viendra un jour où le sentiment populaire sera
plus fort que leurs intérêts mal déguisés et où les
minorités sacrifiées, piétinées, seront en état d'imposer leur loi. Il leur suffira, pour y réussir, de
l'appui de quelques gouvernementaux accessibles
aux axiomes d'ordre et d'équité. On ne permettra
plus alors à un groupe de cette grande société en
nom collectif appelée l'Etat, de s'installer seul aux
affaires. Est-ce qu'on se figure, dans une compagnie
industrielle ou financière, quelques actionnaires
faisant seuls la loi et chassant les autres des conseils d'administration ? Ce qui serait absurde sur
le terrain privé l'est aussi sur le terrain de l'Etat.

C'est ce qu'on commence à voir un peu partout.
La marée monte. En maints pays qui ne l'ont pas
encore, en Belgique notamment et en Suisse, la
représentation proportionnelle est à l'ordre du jour.

Il n'est pas de parti qui n'en ait parlé une fois
ou l'autre avec estime. Elle a pour elle des conservateurs, mais c'est une association ouvrière
suisse dont le radicalisme n'est pas suspect, la
Société du Grütli qui, au mois de mars 1880, lui
rendait dans son organe, ce superbe témoignage :

« Si nous possédons jamais un système d'élection proportionnel, la représentation du peuple s'effectuera d'une tout autre manière et bien mieux qu'avec le système actuel.

« Nous aurons dans les autorités une image fidèle des aspirations populaires, et chaque groupe un peu important d'intéressés aura ses représentants. Les ouvriers aussi, qui jusqu'à présent n'ont rien eu à dire dans les autorités, pourront désigner des représentants dans leurs propres rangs. Les minorités arriveront à participer aux débats pour le plus grand avantage de la vie publique, et ne seront plus obligées de pactiser avec les majorités par des compromis boiteux. Elles seront alors en mesure d'envoyer leur hommes les mieux qualifiés et les plus intelligents dans la salle des conseils ».

On n'arrêtera pas ce mouvement, parce qu'il est provoqué par des raisons de l'ordre le plus élevé et qui peuvent, à un moment donné, se doubler de considérations de convenance aux yeux des différents partis politiques.

A notre avis, la représentation proportionnelle devrait être d'un emploi général, tant dans les élections au second degré que dans celles au premier, tant pour la formation des assemblées délibérantes que pour celle des corps administratifs, exécutifs ou judiciaires. Nous allons, du reste, revenir, dans le prochain chapitre, sur la constitution des corps judiciaires.

Certaines personnes redouteraient pourtant de voir les gouvernements composés de membres des différents partis. Il leur semble que ce serait compromettre leur unité d'action.

Nous ne disconvenons pas que, dans les pays où existent des partis anti-constitutionnels, il y faudrait renoncer, mais ailleurs nous estimons qu'il y a lieu d'employer partout et pour tout la méthode nouvelle, de préférence à un procédé empirique et arbitraire qui livre l'administration publique à tous les hasards.

Néanmoins, nous ne chicanerons pas là-dessus, et nous nous contenterions volontiers, au moins pour commencer, d'une application du système proportionnaliste qui laisserait en dehors les corps purement exécutifs et politiques.

Treizième moyen pratique : faire nommer les juges par le peuple, d'après le principe de la représentation proportionnelle, et étendre l'emploi du jury au civil.

Un gouvernement est toujours plus ou moins un organe politique. Si même il est composé d'éléments appartenant à plusieurs partis, il ne perd pas ce caractère, car alors c'est ordinairement une majorité qui exerce le pouvoir, et c'est elle qui constitue le véritable gouvernement.

Or, les hommes qui se sont placés à la tête du pays, tiennent d'ordinaire à y rester. Il y a à cela toutes sortes de raisons. La place est bonne, point trop pénible, point trop mal rémunérée ; ou bien elle flatte leur vanité ; ou bien encore, et ce cas heureusement ne laisse pas de se rencontrer aussi quelquefois, ils ont la conviction d'être utiles.

Mais voici, un gouvernement est exposé à des attaques de toute sorte et sans nombre. Il y a de par le monde des gens osés qui se permettraient de le prendre à partie, de susciter la suspicion à son endroit. Tantôt ils s'acharneraient contre les personnes, tantôt ils passeraient au crible leur conduite politique et leur gestion. Pas de ces fantaisies, s'écrient volontiers les partis au pouvoir. Et, joignant l'action aux paroles, ils prennent les devants.

La discussion ne sera tolérée qu'autant que les représentants de l'autorité ne seront pas mis en cause. Passe pour la polémique roulant sur les questions de principes et de doctrine, mais le malheur est qu'on préfère en général les aborder sous une forme concrète, les étudier dans les faits. Or, c'est là ce qu'il faut empêcher à tout prix. Les gouvernants et les fonctionnaires d'un rang un peu élevé doivent être couverts contre le feu des adversaires.

Le besoin de ces précautions sera d'autant plus grand qu'ils se sentiront mal en pied. On a remarqué, en effet, que moins un corps ou un individu a conscience de sa propre respectabilité, plus il éprouvera le besoin de faire proclamer officiellement ses mérites. Au moment même où nous écrivons ces lignes, nous trouvons dans un journal ce détail piquant sur deux receveurs des contributions, arrêtés pour malversation : « l'un et l'autre venaient, au moment où leurs détournements furent découverts, d'intenter un procès de presse ».

Mais quel moyen y a-t-il pour les autorités de

se mettre à l'abri des attaques et des critiques
trop vives ? Eh bien, tout simplement celui-
ci : organiser les tribunaux d'une manière convenable.

Au surplus, il n'est pas besoin de les épurer
tous. Il suffit de mettre à ·la bonne place des
juges actifs, des juges résolus, des juges dont on
soit sûr. De voir l'autorité s'entourer d'une garde
prétorienne trop nombreuse pourrait éveiller des
méfiances. Le public finirait par ne plus croire à
la justice, ce qui serait fâcheux et gâterait tout. Il
suffira d'une ou deux chambres bien condition-
nées; le tribunal civil où, sauf en quelques pays,
le jury ne paraît pas, se prêtera admirablement à
ce genre de créations, et c'est là qu'on les formera
d'ordinaire. Tous les délits vrais ou présumés d'un
caractère directement ou indirectement politique
leur seront déférés, et elles châtieront le coupable
comme il le mérite. La fine fleur des légistes bien
pensants y remplira les fonctions de juges. Comme
ce sont des amis dévoués du pouvoir, des hommes
qui occupent une certaine position dans le parti
régnant ou qui en dépendent pour leurs moyens
d'existence, il n'est pas besoin de leur expliquer
par le menu ce que l'on attend d'eux. Ils feront
leur devoir.

Une fois ses derrières ainsi assurés, l'autorité
dormira tranquille. Il faudra dire du bien d'elle ou

se taire. Sauf dans les pays de race anglaise, les populations en général sont habituées à s'incliner devant les verdicts des tribunaux : quand ils ont parlé, il leur semble que tout est dit, et qu'il n'y a pas à rechercher plus loin qui a tort et qui a raison.

La presse sans pudeur et les orateurs à scandales pourront se convaincre que toute vérité est moins que jamais bonne à dire, et qu'il y a des juges à Berlin pour défendre le roi contre le meunier.

Voilà donc l'opinion publique bridée et sans qu'il y paraisse, car il reste toujours entendu que les tribunaux n'ont d'autre mission que de rappeler au respect de la loi ceux qui s'en écartent, de défendre la veuve et l'orphelin.... et les chefs de l'État que l'on calomnie outrageusement.

On procède du reste à coup sûr. Celui qui porte l'accusation, celui qui requiert et celui qui juge sont une seule et même personne : c'est le gouvernement luttant pour l'existence et s'armant lui-même du glaive de la justice pour faire proclamer solennellement ses vertus.

On conviendra pourtant qu'il faut une forte dose de cynisme pour procéder de la sorte, et convertir en une infâme comédie, en une burlesque simagrée, l'acte solennel et sacré par lequel, à la face du ciel, on déclare se constituer les gardiens de la justice et de la vérité.

Tous ceux qui voient les choses de près savent, il est vrai, à quoi s'en tenir. Ils ne se trompent pas sur la signification des arrêts qui sont rendus dans ces conditions. Et il s'agissait bien d'arrêts : le gouvernement ne demandait que des services. Mais encore une fois, nous, n'avons ici qu'une farce avec laquelle on spécule sur la bonne foi du public qui ne se doute pas de tant de perversion, et il faut pousser jusqu'au bout l'indigne comédie. De l'audace et de l'aplomb.

Maintenant le tour est joué, la lumière est faite. Aussi, voyez quelle satisfaction dans les cercles officiels. Ces magistrats hier encore accablés d'outrages, pris à partie directement ou dans la personne de leurs employés qui sont comme l'ombré du magistrat, vilipendés, traînés dans la boue — et certaines administrations n'en laissent pas mal derrière elles — voyez les aujourd'hui blancs comme le lis, immaculés comme la neige fraîche, et riant dans leur barbe à la pensée de l'éclatante victoire morale qu'ils viennent de remporter sur leurs détracteurs. Les particuliers se font rendre justice comme ils peuvent et coûteusement, mais certains gouvernements ont des provisions d'arrêts tout prêts, sur lesquels ils n'ont qu'à étendre la main. Et ni amendes ni dépens à redouter.

C'est ainsi que, dans le temple de Thémis, on peut attenter, par raison d'État, aux droits des citoyens

qui se permettent d'exprimer leur avis sur les affaires de tout le monde.

Or, il importe que la liberté de la presse et de
la parole ne soit pas un vain mot. Il faut que ceux
qui ont assumé la mission de gérer les intérêts de
la collectivité se résignent à s'entendre quelquefois censurer un peu vivement. Ils ne sont pas
infaillibles, et il doit être permis de leur dire
qu'ils se trompent. On n'est pas sacré homme de
bien par le simple fait qu'on remplit des fonctions
publiques, et il se forme parfois dans les sphères
administratives des coalitions formidables pour le
vol, la rapine, la dilapidation des ressources du
pays. Mais comment contrôler les actes du pouvoir, si ceux qui gouvernent ont des vengeurs ga-
gés qui les mettent à l'abri des questions gênan-
tes ? La partie n'est plus égale.

Certes, que les autorités se défendent quand
on les injurie et les calomnie, qu'elles ferment la
bouche aux insulteurs de parti pris, qui se font de
la violence dans la polémique un moyen de succès,
rien de mieux, rien de plus urgent, de plus nécessaire. Mais elles doivent se contenter, pour arriver à leurs fins, des tribunaux de tout le monde.
Il n'y a aucune nécessité à ce qu'elles en aient de
spéciaux, composés de compères payés pour les
défendre à tout prix.

L'honnêteté et l'indépendance des juges, voilà

le grand point à réaliser, et nous ne voyons guère qu'une façon d'y parvenir. C'est de faire élire par le peuple la magistrature assise. Qui nomme commande. Les juges ne tirant plus leur origine des pouvoirs établis seront moins prévenus à leur endroit, moins obligés vis-à-vis d'eux à des condescendances.

Encore qu'ils feraient de la politique active, ils se trouveront pourtant, une fois le seuil du tribunal franchi, moins hommes de parti.

L'élection des juges par le peuple est un procédé connu en différents pays, notamment aux Etats-Unis et dans quelques parties de la Suisse. Toutefois, il faut encore quelque chose de plus. Il importe très fort que cette élection se fasse, non d'après le principe de la majorité relative, mais d'après celui de la théorie proportionnaliste. Dans ces conditions, si la politique n'est pas chassée du palais, du moins elle y sera neutralisée par la présence des tendances contraires, et il y a lieu d'espérer qu'elle cessera de pervertir, ainsi qu'elle l'a fait trop longtemps, non seulement le sens de la vraie justice, mais encore le sens moral lui-même.

D'ailleurs, nous venons de reconnaître que rien n'est plus aisé que d'appliquer la représentation proportionnelle aux différentes opérations du scrutin.

Il se pourrait cependant — sans grande raison pourtant, selon nous — que l'on vît des inconvénients majeurs à faire élire les juges par le suffrage universel. Auquel cas, voici un moyen terme qui constituerait déjà une amélioration sensible du système généralement en vigueur. Il consisterait à reconnaître au peuple le droit de se prononcer en dernier ressort sur les choix judiciaires faits par les corps politiques. Cette solution est récommandée par de hautes autorités (¹).

En Angleterre et aux États-Unis, le jury n'intervient pas seulement dans les affaires pénales, mais aussi en matière civile. C'est là une garantie sérieuse d'impartialité : le jury, c'est-à-dire le peuple, statue sur le caractère des faits, les juges sur la question de droit. Au point de vue d'une saine administration publique, le seul où nous nous placions ici, nous n'hésitons pas à considérer aussi une réforme dans ce sens comme une nécessité. Ce sera le complément du régime de la nomination ou de l'acceptation des juges par le peuple (²).

Nous avons marqué l'effet direct, au point de

(¹) Entre autres J. Dubs, dans le *Droit public de la Confédération suisse* (1ʳᵉ partie, p. 146).

(²) Dans une brochure de circonstance publiée à Paris, en 1828, James Fazy, qui devait jouer plus tard en Suisse un rôle considérable, demandait l'introduction du jury au civil. Voir *James Fazy, sa vie et son œuvre*, par Henri Fazy, p. 51.

vue administratif, des principes éminemment rationnels développés dans ce chapitre. Mis en pratique, ils auront aussi un effet indirect que nous nous bornerons à indiquer.

Ce sera d'accroître l'indépendance politique des citoyens, condition première de toute démocratie sincère et honnête.

Avec l'organisation actuelle des tribunaux, un plaideur est, en toute circonstance, mieux placé quand il est connu pour être un ami du gouvernement. Le juge sera mieux disposé pour lui, s'il est lui-même un gouvernemental et même très souvent, de crainte de déplaire en haut lieu, s'il ne l'est pas. On sait cela dans le public, et nombre de gens agissent en conséquence.

Il se fait donc un achat honteux des consciences, au moins auprès de certains individus, et une réforme qui mettra un obstacle sérieux à ce trafic sera donc une œuvre d'hygiène sociale au premier chef.

XVIII

Quatorzième moyen pratique : assurer par tous les
moyens possibles la fréquentation du scrutin et la
sincérité de ses opérations.

Notre préoccupation dominante dans cette
étude a été de briser la tyrannie des partis politiques actuels qui cherchent trop communément
leurs intérêts particuliers aux dépens de ceux
du pays, et de remplacer le gouvernement d'une
majorité par une représentation du peuple lui-
même.

Pour échapper à la tyrannie des politiciens, nous
professons qu'il n'y a d'autre ressource que de
s'adresser au véritable souverain, l'assemblée des
citoyens qui, si elle n'est apte à délibérer, peut du
moins faire entendre ses vœux, et de lui demander, en chaque circonstance de quelque importance et très spécialement dans les questions
financières, de dire si elle approuve la marche
suivie par ses représentants. Ceux-ci discutent à
la face du pays. Avec l'introduction de la représentation proportionnelle, on sera d'ailleurs plus

assuré que jamais de voir les principales tendances se rencontrer au sein des corps publics, qui seront alors une sorte de réduction du peuple. Les différents aspects de chaque question ne sauraient ainsi guère manquer d'être mis en lumière, et les citoyens qui auront suivi les débats seront dans la position des députés qui n'ont pas pris la parole dans la discussion mais qui prennent part au vote final.

Mais si l'on veut la démocratie vraie, il faut aller jusqu'au bout et, qu'il s'agisse d'une élection ou d'une votation, que ce soit le souverain lui-même qui prononce, et non pas seulement une fraction plus ou moins considérable des éléments dont il est formé.

On ne doit pas supposer que l'intérêt pour la chose publique sera toujours un motif suffisant pour amener le citoyen au scrutin.

Il est bien vrai que l'adoption du système de la représentation proportionnelle encouragerait à se rendre aux urnes des personnes qui, aujourd'hui, y renoncent la plupart du temps. Nous voulons parler des membres des partis en minorité si prononcée qu'il leur est impossible de jamais faire passer un seul de leurs candidats. Il leur est bien inutile de se déranger pour aller voter ; aussi n'y vont-ils guère. Mais quand ils seraient assurés de ne pas faire un voyage blanc il en serait autrement, et ils feraient les quelques pas nécessaires pour assurer la nomination des représentants auxquels ils ont droit. N'importe. Si l'on s'en tient à faire appel à la bonne volonté des électeurs, on s'expose toujours à voir une quantité. de gens qui n'ont pas ou croient faussement ne pas avoir un intérêt direct à se rendre aux urnes, les déserter par les motifs les plus frivoles. Les meneurs de la politique dans l'organisation actuelle savent bien que les choses se passent ainsi, et il ne laissent pas de mettre quelquefois à profit l'indifférence générale.

Ce n'est pas encore assez que le mécanisme électoral soit entendu de manière à favoriser l'entrée de tous les groupes dans les différents organes de la représentation nationale. Il faut à tout prix prévenir l'accaparement de la chose publique par certaines coteries fortement organisées et désireuses de rester maîtresses du champ de bataille; ces syndicats seraient enchantés d'un système qui, demandant davantage aux citoyens, pourrait arriver à en lasser quelques-uns. Les minorités indépendantes seraient, il est vrai, moins facilement comprimées que dans l'état présent, et elles pourraient prendre d'éclatantes revanches, mais, manquant d'une forte discipline, elles seraient exposées à retomber aisément dans leur apathie et à se replacer bientôt sous la domination des politiciens.

Il y a là un danger à conjurer. Comment ?

Il suffirait pour cela de déclarer la fréquentation du scrutin obligatoire au même titre que la présence aux réunions militaires et que les fonctions de juré. On se contenterait de frapper les délinquants d'une petite amende que l'on obtiendrait déjà **un résultat heureux, car** cette mesure contribuerait à faire pénétrer dans les esprits cette maxime élémentaire du catéchisme civique que chacun est tenu de remplir ses devoirs politiques, et qu'élire ou voter sont des charges positives et non une besogne dont chacun ne prend que ce qu'il veut.

Mais nous voudrions plus encore, et nous demanderions que, sauf excuse reconnue valable et fondée sur des raisons majeures : absence du pays, maladie, affaires graves, les désertions du scrutin relevassent du tribunal de police.

Nous paraîtrions peut-être bien excessif si nous n'avions à l'appui de notre thèse une résolution récente prise dernièrement dans un des plus grands cantons suisses et des plus démocratiques, où les citoyens qui manquent à se présenter au scrutin sont à cette heure déjà, passibles d'une amende, et où l'on a reconnu qu'il y avait lieu de renforcer cette mesure. Nous lisions en effet sous la rubrique Zurich, les lignes qui suivent : « le grand conseil, conformément à la proposition de sa commission, a décidé, par 158 voix contre 16, de charger le conseil d'Etat de lui présenter un projet de loi rendant le vote obligatoire. »

Nous croyons pouvoir prédire à coup sûr ce qui se passera dans les pays où une disposition de ce genre sera prise. Il ne faudra que peu de temps pour que l'idée reçue dans la loi pénètre dans les mœurs et les infractions deviendront de plus en plus rares. Il en sera du vote comme de l'école obligatoire. A l'origine s'est-on assez diverti de cette coercition ! Comment, disait-on, la rendre effective ? Les délits seront en si grand nombre qu'il faudra des tribunaux siégeant en permanance pour châtier les coupables. Eh bien, qu'en a-t-il été ? Il est advenu qu'au bout de quelques années, il n'y avait pour ainsi dire plus de condamnations à prononcer, parce que la loi était universellement observée. Voilà qui est de nature à inspirer bon espoir pour la mise en pratique du vote obligatoire.

Or donc le peuple, dans son intégralité, nommera ses mandataires et se prononcera en dernier ressort sur leur œuvre. Mais, pour atteindre plus sûrement le but, la réforme du scrutin dont nous parlons devra être complétée par deux autres genres de mesures.

Pour éviter les déplacements inutiles, les pertes d'argent et de temps, il faudra mettre l'urne à la portée de tout le monde, faciliter de toutes les manières l'accès du scrutin. Il faudra supprimer les distances trop longues, choisir les heures et les jours les plus convenables pour les différentes classes de la population. Rien là, d'ailleurs, qui n'existe déjà à quelque degré et qui ne soit facile à réaliser complètement. Il faudra, de plus, prendre les mesures les plus strictes pour assurer l'indépendance de l'électeur, le soustraire aux regards indiscrets lorsqu'il exprime sa volonté et défendre l'urne elle-même contre la fraude, de manière à mettre fin à des tricheries et à des piperies qui, en nombre d'occasions, ont eu pour effet de fausser la volonté populaire. Arrière à tout ce qui rappellerait, ne fût-ce que de très loin, un coup d'Etat, la substitution illégale et violente de la volonté d'un groupe à celle de la nation.

La sincérité du scrutin, partout nécessaire, ne l'est nulle part davantage que dans les pays qui font du scrutin leur grand moyen de gouvernement et qui ne décident pour ainsi dire rien sans le faire parler.

CONCLUSION

Nous avons achevé l'exposé de notre programme de réformes pratiques, mais nous conviendrons sans peine qu'il n'est pas complet et qu'il y aura encore d'autres garanties à prendre contre les dangers que la politique fait courir à la bourse des contribuables.

C'est ainsi que nous n'avons rien dit de la façon dont les pouvoirs publics se comportent à l'égard des établissements financiers organisés par leurs soins ou placés sous leur surveillance. Où pareille chose existe, il n'est malheureusement pas rare que les autorités constituées, surtout celles du ressort provincial ou local, trouvent là une nouvelle occasion de tripoter. On mettra à la tête de ces importantes entreprises des incapacités notoires, bonnes tout au plus pour faire d'honnêtes commis en sous ordre. C'est plus que de l'imprudence, mais on désirait faire profiter de positions bien rémunérées des amis éprouvés du pouvoir qui ne manqueront pas à leur tour de favoriser d'autres membres de la coterie.

On spéculait peut-être en secret sur leur inexpérience, leur faiblesse ou leur sentiment de dépendance pour les amener à faire des opérations antistatutaires destinées à rester ignorées du public, mais dont profiteraient les matadors de la politique. Quand ce n'est pas cela, c'est le contrôle officiel qui est en défaut, nouvelle circonstance qui peut avoir les effets les plus fâcheux (¹).

Ou bien encore de hauts fonctionnaires maniant des sommes considérables, et que l'on aura trop traités en amis, feront un beau jour un coup d'éclat ou un trou à la lune, et le pays soldera le montant de leurs escamotages.

Ces différents scandales, si souvent répétés, demandent une intervention efficace. Il faut absolument empêcher la politique de compromettre de la sorte la prospérité et le bon renom de l'État (²).

Nous aurions pu parler aussi de ce déplorable expédient financier qui consiste à emprunter au-dessous du pair et qui rend la conversion des dettes publiques, subordonnée à un abaisse-

---

(¹) Lire un très suggestif article de M. Fournier de Flaix « *des Réformes dans l'administration des banques* » dans le n° 3, 1889, de la *Revue d'Économie politique.*

(²) Voir à la page 141 de ce volume.

ment du taux de l'intérêt, pour ainsi dire impossible (¹).

Toutes ces questions ne laissent pas d'offrir un immense intérêt. Mais elles demandent à être étudiées à part, et nous nous sommes renfermé dans les limites strictes de notre sujet : le contribuable contre le fisc.

Nous avons maintenant à conclure.

La dilapidation de la fortune publique, son écornement, si l'on trouve le mot de dilapidation trop vert, ne s'arrêtera pas sans que l'on y prenne peine.

Il est bien vrai que certains penseurs nous enseignent un fatalisme très consolant qui nous permettrait d'attendre sans inquiétude l'élimination nécessaire et progressive du mal.

Un excès dans un sens ne manque jamais, disent-ils, de provoquer un retour en sens contraire. Après l'action la réaction, le reflux après le flux. Nous ne voulons pas nier cette bienheureuse loi du rythme, mais elle pourrait nous mener loin si nous nous laissions endormir par ses promesses. C'est qu'en effet, dans le monde des esprits, tout se gagne à la pointe de l'énergie morale et si, après qu'on a été fort loin dans la voie des

____

(¹) Nous renvoyons pour les détails de ce procédé et ses conséquences à quelques pages excellentes des *Principes d'Économie politique*, par Charles Gide (p. 610 et suiv.).

folies administratives, la vague de retour commence à se dessiner à l'horizon politique, soyons
bien sûrs toutefois qu'elle ne balaiera les abus
qu'autant que nous serons là pour seconder l'évolution d'une volonté réfléchie et ferme. Les socio-
logistes de l'école darwinienne, M. Herbert Spencer
et ses disciples, bien que certains excès de doctrine
aient pu prêter à l'équivoque, ne pensent d'ailleurs
pas autrement quand ils laissent la théorie pour
la pratique.

Il faut donc lutter. Il y a une véritable croisade
à organiser pour la défense du contribuable, de
sa bourse et de ses droits, contre la confiscation
dissimulée qui se poursuit à son préjudice, contre
ce qu'on a spirituellement appelé le droit régalien
des politiciens. L'abus, pour ancien qu'il soit, n'en
est pas moins un abus, un scandale public, un acte
de lèse-démocratie, et il n'y a ni prescription légale
ni droit coutumier qui puissent le faire absoudre. Il
faut amener la politique à faire amende honorable
de ses pratiques honteuses à la vieille morale, si
longtemps outragée par elle.

Nous avons indiqué tout un ensemble de moyens
à mettre en œuvre. Mais ce ne sont pas de ces
petits spécifiques anodins que l'on puisse essayer
sans sortir de ses habitudes ordinaires. Ils impli-
quent tout un changement de régime. C'est un
traitement des plus sérieux à entreprendre. Aussi

nous attendons-nous à ce que plus d'un de nos lecteurs, après nous avoir suivi avec attention, s'écrie que c'en est trop, que nous recommandons trop et de trop grandes choses à la fois et qu'à demander l'impossible on risque de paralyser les meilleures volontés.

Un mot d'explication avant de finir est donc indispensable.

Nous ne prétendons pas que l'on doive se jeter à corps perdu dans les réformes et, du jour au lendemain, aborder ensemble tous les articles de notre programme. Nous ne disons pas: ‹ application intégrale de la méthode, ou rien. › Le traitement risquerait dans la plupart des cas d'être trop énergique et de manquer son effet. Il faut tenir compte des circonstances particulières du pays où l'on se trouve, de son point de développement et choisir, au milieu des procédés curatifs et préventifs recommandés, celui qui offre le plus de chances de succès.

Il conviendra aussi, avant d'attacher le grelot, de s'enquérir avec soin des résultats qu'ont pu avoir en différentes contrées les réformes que nous préconisons. On parle beaucoup aujourd'hui de science expérimentale ; on n'a pas cessé, au milieu des ruines amoncelées dans le domaine des théories, de croire aux faits ; il convient d'étendre à la politique avec plus de sûreté et de sérieux qu'on ne l'a fait encore, le procédé de l'expérimentation. Une fois assuré de la possibilité d'une réforme, on ira de l'avant, les autres progrès viendront plus tard. Rome n'a pas été bâtie en un jour.

Le point essentiel est de savoir où est le nord, et dans quelle direction avancer.

Les moyens que nous avons préconisés ne sauraient non plus, par eux-mêmes, provoquer un enthousiasme bien vif. Il y a, en effet, dans tout changement que l'on cherche à introduire, du pour et du contre. Aucune modification d'un état de choses existant et auquel on a été façonné par un long usage, n'est enlevée par acclamation. On y voit volontiers toutes sortes de difficultés réelles ou imaginaires.

Mais il y a plus que cela et nous sommes d'avance parfaitement certain que telle ou telle des solutions proposées dans ce travail pourra faire jeter les hauts cris et sembler l'abomination de la désolation. Condamner les impôts indirects, recommander l'impôt sur le revenu et tendre même à un impôt unique sur le revenu, parler d'une échelle d'impôts mobile, quelles témérités ! Et l'extension des droits populaires en matière de finances publiques, et la représentation proportionnelle, et la nomination des juges par le suffrage universel, et le reste... ! C'est là, il en faut convenir, beaucoup plus d'innovations qu'il n'en est besoin pour effaroucher certains esprits. Qui sait? Peut-être, après nous avoir lu, estimera-t-on que, tout bien considéré, mieux vaudrait encore en rester au *statu quo* que de risquer un pareil saut dans l'inconnu.

Nous ne laisserons pas passer sans réponse ce saut dans l'inconnu.

Tout d'abord nous affirmons qu'il n'y a rien dans les moyens d'action indiqués par nous, qui nous paraisse pouvoir être assimilé à une chausse-trape ou à une bombe remplie de dynamite. Nous croyons que, pas à pas, progressivement, sous la pression des nécessités, à la forte école de la vie, on en viendra à reconnaître que, dans ses grandes lignes, notre programme de réformes est non seulement acceptable, mais le seul pratique. Et puisqu'on nous menace de surprises graves dans l'avenir, nous demanderons à notre tour ce que l'on est en droit d'attendre de la prolongation du *statu quo* à tout prix.

L'inconnu, les inconnues redoutables et redoutées, nous les voyons, quant à nous, là et pas ailleurs. Ce qui nous paraît formidablement aventureux et gros de périls, c'est le régime d'imprévoyance et d'irresponsabilité administratives sous lequel nous vivons. Et, au vrai, qui pourrait dire où nous allons ?

Un saut dans l'inconnu ! Pour le faire, il n'y a

qu'à continuer à marcher plus longtemps sur la vieille route battue des déficits s'ajoutant sempiternellement aux déficits, des dettes publiques toujours en train de monter. Peut-être le mal que nous avons scruté dans ces pages, savoir l'exploitation du pays par certaines coteries formées en vue de l'accaparement du pouvoir, n'a-t-il pas encore atteint ce paroxysme d'intensité qui alarme les consciences honnêtes, surmonte les dernières hésitations, talonne et mord les volontés. Mais il serait sage, après tout, de ne pas attendre davantage; l'heure est venue, et plus que venue, de le regarder en face et de mettre en œuvre les moyens les plus actifs de le combattre.

Non, c'est être par trop naïf! Voici des collectivités qui ont à sauvegarder des intérêts vitaux de tout premier ordre, et, au lieu de les prendre elles-mêmes en main, elles attendront que quelques-uns de leurs membres viennent aimablement leur proposer de se mettre en leur lieu et place et de gouverner en leur nom. Il est sans doute entendu que le mandat qu'ils sollicitent sera toujours révocable, mais il n'en est pas moins vrai que, pour un certain laps de temps, ces syndicats improvisés se feront délivrer un blanc-seing, qu'ils auront le droit de voter des crédits dans lesquels ils n'oublieront ni eux ni leurs associés, de grossir le chiffre de la dette, de manipuler les impôts sans que leurs commettants aient seulement le droit de crier : halte-là! Jusqu'au renouvellement du contrat, il pourra se passer bien des choses, et jusqu'à cette échéance il faudra tout tolérer. Il y aurait forfaiture manifeste, éclatante, qu'il faudra tout de même laisser faire. Sans compter que l'on se débat contre un ennemi qui ne manquera pas de cacher son jeu et a toujours à son service, pour couvrir quelque temps son incurie, quand ce n'est pas sa mauvaise foi, la livrée de l'intérêt public et de la légalité.

Mais le peuple, nous dira-t-on, peut tout aussi bien se tromper et se laisser tromper....

Certes il y aurait lieu d'éprouver plus que de la surprise si nous devions soutenir qu'il est infaillible. Il est, au contraire, ce que nous sommes tous, sujet à l'erreur, capable d'entraînements irréfléchis, de calculs mauvais et même criminels. Mais à quoi veut-on en venir ?

Ou nous nous abusons fort, ou le motif de cet effroi c'est la crainte qu'un élargissement de la démocratie ne favorise le triomphe, au moins partiel, du socialisme. Le peuple lui-même au gouvernail ne manquera pas, se dit-on, d'appuyer du côté des aspirations et des intérêts du grand nombre, et la propriété privée sera plus que jamais à la merci des appétits de l'Etat.

Raisonner ainsi c'est, nous semble-t-il, se forger

un épouvantail et trembler ensuite devant la chimère qu'on s'est créée.

Qu'est-ce, en effet, que le socialisme ? Est-ce une doctrine précise, un symbole arrêté? Non, c'est une tendance à une intervention plus grande des pouvoirs publics dans le domaine des intérêts, un effort accompli en vue d'accroître le bien-être général, et spécialement celui des classes pauvres, par des prélèvements opérés, au moyen de l'impôt, sur les fortunes particulières.

Mais, à ce compte, l'événement qui nous menace, qu'on l'appelle socialisme, ou réforme sociale, ou, comme M. de Bismarck, christianisme pratique, christianisme sans phrases, est déjà un fait accompli. Si c'est un mal, il nous a déjà envahis, il existe en permanence au sein de toutes les nations avancées et les institutions actuelles ne nous en ont pas préservés. La question est de savoir seulement comment contenir l'interventionnisme humanitaire dans ses limites naturelles, car, s'il allait trop loin, il viendrait un moment où, à force de saigner le corps social pour le plus grand bien de ses membres, on y déterminerait un malaise profond.

Or, que la vraie démocratie fasse son apparition, que verrons-nous alors ? Le peuple lui-même dira jusqu'à quelle limite il entend que les pouvoirs publics étendent leur action. C'est lui qui dosera son socialisme, c'est lui qui en composera la formule. Les questions sociales, au lieu d'être abordées dans un intérêt de parti, seront étudiées pour elles-mêmes. Elles se poseront dans les différents conseils du pays, elles y seront discutées contradictoirement, et le peuple prononcera en dernier ressort. S'il se trompe — et ne se trompe-t-on pas aujourd'hui ? — comme il ne fera pas de la politique électorale mais de la politique pratique, il se corrigera sans qu'il lui en coûte rien. Il ne laissera pas persister au tronc du budget les branches purement parasites que les politiciens actuels conservent avec tant de sollicitude. Son administration aura une plasticité encore inconnue.

Quoi de plus normal, et comme cela vaudra mieux que ce qui se passe si souvent aujourd'hui! Nous connaissons ces majorités qui, un beau jour, se mettent à faire du socialisme d'expédient, de parade, au pied levé, pour capter les suffrages d'une poignée d'électeurs, dont l'appoint leur est indispensable, et grossir encore un peu du même coup les rangs des fonctionnaires. Nous savons ce que valent ces mesures boiteuses, nous savons ce qu'elles coûtent et pour quel mince profit. Et nous savons aussi que, dans la grande majorité des cas, le peuple consulté les aurait rejetées sans un instant d'hésitation.

Nous livrons aux méditations les plus sérieuses

de nos lecteurs le fait que nous relevons en ce moment. Il est permis d'affirmer que les mesures financières d'un caractère violent et démagogique ne triomphent, à l'heure où nous sommes, que parce qu'un des deux grands partis en présence trouve son intérêt à les appuyer. Et, dans ce parti, qui en veut ? Non pas tout le monde, mais le groupe des politiciens qui a discerné là un moyen de faire de l'agitation et auquel il faut un nouveau tremplin électoral. Les gros bataillons suivent parce qu'il y va de l'avenir du parti, mais souvent à leur corps défendant. Or, une fois que le pouvoir ne sera plus remis à une coterie dominante mais à des groupes représentant les diverses nuances de l'opinion, des campagnes de ce genre deviendraient bien difficiles.

Maintenant que nous avons déblayé le terrain en faisant justice d'une appréhension gratuite, indiquons encore rapidement les raisons de notre confiance indéfectible dans le peuple, mis en regard des hommes qu'on voudrait lui donner pour maîtres et pour sauveurs.

Il est, dans sa généralité, intéressé à ce que les affaires marchent bien. Les folles dépenses, les travaux publics mal étudiés et confiés par favoritisme à des amis, le fonctionarisme transformant les bureaux administratifs en des salles d'asile où l'on reçoit, héberge et nourrit les gens qui ont eu l'habileté de se faire bien noter en haut lieu, tout cela n'est que médiocrement de son goût. Ce qu'il désire, lui, ce n'est pas l'avantage d'une coterie restreinte, c'est celui de la population en général, c'est le bien du pays. Les masses, prises en bloc, ont tout à gagner à une administration sage ; on n'en saurait dire autant d'un parti installé aux affaires ou, plus exactement, des meneurs qui agissent en son nom.

Le peuple est donc plus indépendant que ceux qui se chargent de faire son bonheur, et moins porté à favoriser la dépense (¹).

Nous en voudra-t-on si nous complétons notre pensée en disant qu'il est aussi, d'ordinaire, autrement honnête ?

Faudra-t-il rappeler ce que sont trop souvent les hommes que le mécanisme de la démocratie élève aux postes de confiance, dont il fait des députés, des administrateurs, des magistrats ? On sait assez que s'il en est de parfaitement dignes, intègres, dévoués corps et âme au bien public, il

____

(¹) Dans les petites contrées de la Suisse où la démocratie directe a subsisté, les *landsgemeinden* refusent fréquemment, et pas toujours par de motifs suffisants, les crédits demandés par les magistrats. En voici un exemple cueilli dans les dernières dépêches : « Le 5 mai courant, l'assemblée populaire du peuple d'Uri a fait des économies ; le traitement annuel du landammann, qu'on avait proposé de réduire, a été tout simplement supprimé à la votation ».

s'en trouve aussi auxquels des particuliers n'auraient jamais la pensée de confier leurs intérêts, pour qui la politique est pure affaire d'avantage personnel. Au mouvement que plusieurs d'entre eux se donnent pour se faire élire, à leurs démarches et à leurs intrigues, on voit de reste que ce n'est pas le pays qui a été les presser de se mettre à son service. Or, entre le peuple et ces batteurs d'estrade, quant à savoir de quel côté il y a lieu d'attendre le respect des principes, une gestion correcte, la condamnation des petits tripotages, nous sommes fixé, nous optons pour le peuple.

Mais laissons même de côté ces industriels tarés qui travaillent pour leur bourse en détresse, pour, leurs besoins quand ce n'est pas pour leurs vices, et ne mettons à la tête des affaires que des hommes aù titre. Ne savons-nous pas que, quels qu'ils soient, qu'ils appartiennent à la droite ou à la gauche, ils subissent toujours, dans une certaine mesure, l'influence néfaste des préoccupations électorales, de l'enrégimentation et de la camaraderie, et que, chez eux, l'homme public est presque invariablement inférieur à l'homme privé ? Il est vrai que le mal serait fortement atténué par l'introduction de la représentation proportionnelle, mais il faut se tenir en garde contre les coalitions d'intérêt, qui seront toujours possibles. Armons donc le peuple de tous les moyens de contrôle.

Va-t-on insister encore et représenter que la religion du peuple peut être surprise, son ignorance exploitée contre lui, qu'il est sujet à prendre la proie pour l'ombre et à croire sur parole de mauvais conseillers...? Attention, nous écrierons-nous à notre tour. Tout cela peut se faire déjà à l'heure où nous sommes. Comme c'est lui qui élit, qui va-t-il nommer ? Êtes-vous sûrs qu'il fera des choix heureux ? Jettera-t-il nécessairement son dévolu sur les plus dignes ? Et quand il aura à moitié abdiqué pour quelques années entre les mains de ses mandataires, qui les empêchera de gouverner à leur guise ? Les lois ? Mais s'ils les font, ou tout au moins les interprètent eux-mêmes ? L'opinion publique ? Le bon billet qu'on nous donne là, alors que l'opinion publique est bâillonnée, et que, pendant un certain temps, elle demeure privée des moyens de se manifester ! Suivant nous, il y a un danger plus grand de dire à un peuple : « charge quelques hommes de soigner tes intérêts » que « gouverne-toi toi-même et oblige tes mandataires à se conformer expressément à ta volonté souveraine ».

Aussi bien les résultats qu'a donnés l'emploi du *referendum* dans les quelques Etats où il existe sont-ils la pleine confirmation de notre thèse. Ils démontrent que les démocraties font preuve en somme de plus de sagesse dans les votations sur des questions d'affaires que dans les élections. Et si, aujourd'hui déjà, le peuple est reconnu capable de se prononcer sur les hommes, on ne voit pas trop pourquoi il ne ser ; pas admis à se prononcer sur les intérêts dans lesquels on engage sa responsabilité.

Le péril par excellence, celui qui, à nos yeux, prime tous les autres, ce sont les petites camarillas, les petites oligarchies, toutes-puissantes aujourd'hui, demain peut-être balayées par le besoin de changement ou emportées par le mépris public, pour faire place à d'autres, et qui répéteraient, si elles disaient toute leur pensée, le mot de Louis XIV « l'Etat c'est moi ».

Au règne des oligarchies personnelles, nous ne voyons à opposer que le gouvernement du pays par le pays: à la pseudo-démocratie, à la démocratie nominale et partielle, il faut substituer la démocratie vraie, effective, complète. Le peuple est majeur. Sa souveraineté tant célébrée n'a que trop souvent servi de marchepied, si ce n'est de tréteaux, à ses pires ennemis. Qu'il exerce son droit de s'administrer lui-même, qu'il ne s'en fie qu'à lui. Nous ne voyons rien autre chose à opposer à la dilapidation. C'est là le levier d'Archimède.

En vérité, quand nous aurons franchi ce pas décisif, tout ne sera pas dit encore, et c'est alors peut-être que se présenteront les plus sérieuses difficultés. Le meilleur instrument veut être bien manié. Il faudra entreprendre l'éducation du peuple, le former en vue de sa redoutable mission de souverain. La démocratie impose, sous ce rapport, des devoirs impérieux et absolument exceptionnels auxquels pensait Montesquieu quand il écrivait dans l'*Esprit des lois :* « c'est dans le gouvernement républicain que l'on a besoin de toute la puissance de l'éducation », et ce qu'il dit ici de la république, s'applique à tous les États à base populaire, qu'ils aient ou non supprimé la monarchie. Le despotisme du nombre aura déjà été vaincu dans les conseils du pays par les transformations apportées aux rouages politiques ; il restera à lui tenir tête dans le pays lui-même. C'est la justice qui doit gouverner les nations ; il y aura en même temps à éclairer les esprits, à réveiller les consciences et à former les cœurs.

Œuvre difficile, œuvre laborieuse, œuvre de longue haleine s'il en fut, mais bien digne d'enrôler à son service tous les hommes de bien. Que l'on y mette seulement la moitié du temps et des forces qui ont été dépensées jusqu'aujourd'hui aux luttes si passionnées, si irritantes, et en somme, si stériles, de parti à parti, et elle se fera. Au surplus les occasions ne manqueront pas, puisque les citoyens seront régulièrement consultés sur leurs affaires — ce qui pour l'ordinaire n'était pas le cas — et que le journal, la brochure, les réunions publiques prendront nécessairement un essor nouveau.

Au lieu des vaines attaques contre le parlementarisme ou contre la démocratie elle-même, au lieu des récriminations amères contre des adversaires qu'elles n'émeuvent pas, on ira droit aux masses pour les former à l'exercice de la liberté. On s'adressera à l'âme même du peuple ; c'est elle que l'on voudra atteindre et qu'il faudra gagner. Mais très heureusement, elle est plus accessible que l'esprit subtil et tortueusement calculateur de la plupart des petits potentats qui, dans le régime actuel, cherchent à monopoliser le pouvoir.

Il y a peu à attendre des politiciens ; il y a tout à espérer du peuple quand on lui parle un langage digne de lui et qu'on lui donne soi-même l'exemple des vertus qu'on prêche.

« Sans doute » écrivait un publiciste déjà nommé, qui fut aussi un homme politique d'entre les plus sages et les plus modérés, « la démocratie n'est qu'une forme de l'Etat... Nous ne saurions attendre le salut de cette forme seule, mais rien non plus ne justifie la crainte de ceux qui croient devoir se signer devant tout développement dans cette direction. Donnons à la démocratie les formes qui lui conviennent, et unissons ensuite nos

efforts pour répandre dans ces formes démocratiques un esprit sain » (¹).

Voilà, à notre sens, le vrai point de vue auquel
il faut se placer, et l'on ne saurait qu'ajouter à ces
fortes paroles.

(¹) *Le Droit public de la Confédération suisse*, par J. Dubs,
1re partie, p. 301 et 302.

POSTFACE

On ne saurait indiquer un régime vicieux qui n'ait ses partisans, et d'autant plus décidés en sa faveur qu'il sera plus imparfait, car alors il offrira de plus grossiers abus et une plus abondante pâture à quelques privilégiés.

La démocratie autoritaire et dictatoriale est dans ce cas.

Elle convient, en effet, admirablement à toute une classe de personnes qui l'exploitent, qui en vivent, et pour lesquelles un gouvernement plus sérieux, plus préoccupé des intérêts généraux, constituerait une entrave positive.

Ce n'est pas dans ce milieu de satisfaits qu'il faut aller parler de réformes sociales. La seule mention de quelques améliorations à opérer, c'est-à-dire de quelques faveurs spéciales à supprimer, leur paraîtrait une impertinence.

Aussi, que ce livre tombe entre leurs mains,

qu'ils condescendent à le feuilleter d'un air distrait et dédaigneux et à en parcourir la table des matières, nous voilà sûr de notre affaire. Nous aurons notre compte.

Ils se garderont bien toutefois d'indiquer les vrais motifs de leur dépit. Le Gaulois, et tout ce qui en parle la langue, est né malin.

« Peut-être s'écriera-t-on, ce volume renferme-t-il quelques idées à examiner ; mais c'est l'œuvre d'un doctrinaire. »

Voilà le grand mot lâché.

Du temps de Paul-Louis Courier on s'acharnait à poursuivre les auteurs de ces pamphlets où se distille un poison subtil, et était considéré comme pamphlet, tout écrit de quelques feuilles seulement.

Aujourd'hui, si vous soutenez des idées qui n'aient pas l'heur de sonner agréablement dans la caste qui gouverne, administre et dispose des places, vous devenez ô horreur! un doctrinaire. Vous protesteriez, vains efforts : vous êtes classé, jugé, la cause est entendue. Vous demanderiez à être fixé sur le sens de ce qualificatif, vous n'en sauriez pas davantage. Des explications ne seraient pas de mise, chacun n'est pas tenu d'en donner.

Bienheureux encore si vous vous en tirez comme cela, et si vous n'êtes pas traité d'idéologue ou d'utopiste — de fort beaux noms pourtant, et qui ont eu le don d'exaspérer tous les despotes, de tous les temps, depuis Napoléon Ier jusqu'aux tyranneaux de la pseudo démocratie, et qu'ont porté au moins pendant une période de leur vie tous ces hommes altérés de la soif du mieux que l'humanité a fini par compter au nombre de ses bienfaiteurs.

Toutefois on serait assez mal venu, avec nous, à s'arrêter aux vieux clichés d'idéologue ou d'utopiste, non pas que nous ne réclamions des réformes — nous en demandons au contraire beaucoup — mais parce que nous ne proposons rien qui n'ait déjà été expérimenté dans une certaine mesure, et dont le caractère pratique n'ait été ainsi établi.

Il faudra se rabattre sur autre chose.

Va pour doctrinaire.

On nous permettra seulement de faire observer aux personnes qui penseraient nous écraser sous ce gros bloc, que nous sommes à deux de jeu.

On ne peut, en effet, s'opposer à un système qu'au nom d'un autre système, raisonné ou non. Les hydrophobes du doctrinarisme, tant à droite qu'à gauche, sont donc des esprits qui abominent toute espèce de doctrine, à la réserve de celle qui sert leurs intérêts.

Mais ce n'est pas à ces contradicteurs en quête de mots plutôt que de raisons que nous nous adressons ici. Nous avons abandonné l'espoir de les convertir.

Nous faisons appel aux hommes de bonne volonté, quels qu'ils soient et d'où qu'ils viennent, qui ont l'esprit assez dégagé de tout intérêt personnel et de toute considération de parti pour être sensibles à la force d'une idée juste.

Ils auraient tort de se laisser déconcerter par les excommunications sans portée auxquelles nous venons de faire allusion.

C'est la difficulté des études sociales que, si l'on s'y sent gêné par une conclusion, on est toujours libre de fermer les yeux et d'affirmer qu'on n'a rien vu. Elles ne peuvent imposer leurs résultats, même les mieux assis, à qui a décidé de ne pas les admettre.

Or, des épithètes vides et creuses en guise d'argument, c'est une façon détournée de dire :

« Moi, me former une opinion ? Moi étudier, comparer, réfléchir ? Et pourquoi ? J'ai ce qu'il me faut, laissez-moi tranquille. »

On avouera bien qu'une pareille fin de non-recevoir ne prouve pas grand'chose quant au degré de justesse d'une thèse.

APPENDICE

Note relative à la page 6.

Aggravation des charges publiques

Nous reproduisons le fragment qui suit, où l'état de
la question est fort bien résumé.

Il appartient à une conférence de M. H. St-Marc,
Revue d'économie politique, 1889, n° 1, p. 23.

« Saluez ce budget d'un milliard, vous ne le rever-
rez plus, » s'écriait M. Thiers, dans les premiers
temps de la Monarchie de 1830 ; et, de fait, depuis ce
moment, on ne vit plus jamais de budget de moins
d'un milliard.

Le budget de moins d'un milliard s'en était mé-
lancoliquement allé là où s'en vont les vieilles lunes ;
il n'en est jamais revenu. Oui, le milliard dépassé ne
se réduisit jamais, il s'agrandit bien plutôt, et bientôt, ennuyé de sa solitude, il s'adjoignit un compa-
gnon ; puis, quand ils furent deux, ils firent des petits. C'est ainsi que le budget ordinaire qui, en 1840,
était de 1 milliard 160 millions, atteignit bien près de
2 milliards en 1870 pour arriver à 3 milliards après
la guerre, et à 3 milliards et demi en 1882. Et ce ne

sont là que les comptes de budget ordinaire, c'est-à-dire des dépenses soldées par le moyen de l'impôt. Si nous tenons compte des dépenses réellement faites, au moyen soit des impôts, soit des emprunts, nous arrivons, pour cette même année 1882, au chiffre véritablement effrayant de 4 milliards 235 millions de francs ! Plus de 4 mille millions (¹).

Cette terrible progression est-elle du moins propre à notre pays ? Nos voisins y ont-ils échappé ? N'est-ce pas une aberration particulière ?

Non, Messieurs ! et, quoique assurément il y ait chez nous plusieurs pratiques mauvaises et bien des abus à signaler, nous devons reconnaitre ce même phénomène dans presque tous les autres budgets du monde, ce qui lui donne une importance scientifique considérable.

En Allemagne, le budget d'Empire de 1882-1883 est double de celui de 1872 : 610,632,000 marks au lieu de 350,970,000.

Dans l'Allemagne même, le budget de la Prusse proprement dite, renommée cependant pour son économie, a passé de 518,700,000 marks en 1871 à 1,257 millions de marks en 1885-86, soit de 642 millions de francs à 1 milliard et demi.

En Autriche proprement dite le budget était, en 1868, de 812 millions de francs (325 millions de florins), en 1885 il se montait à un milliard 300 millions (520 millions de florins). En Hongrie, de 425 millions il est passé, aux mêmes époques, à 845 millions de

<hr>

(¹) Ces chiffres, ainsi que les suivants, ont été empruntés au grand article sur le budget de l'Etat, du regretté Paul Boiteau, article paru dans le *Dictionnaire général des finances*, publié sous la direction de M. Léon Say.

francs. — Quant à la dépense commune de l'Empire, elle a triplé depuis vingt-cinq ans.

La Russie a vu doubler ses dépenses depuis 1860. De 422,600,000 roubles en 1860, elles sont passées à 860 millions de roubles en 1885.

L'Italie, avant 1861, dépensait 812 millions de francs; en 1882, elle en a dépensé 1,537 millions.

J'ai pris, vous le voyez, les budgets des pays qui seront probablement engagés dans la prochaine guerre, et vous pouvez, dès à présent, supposer que l'augmentation des dépenses est due, pour une large part, à la préparation de celle-ci : assurément, vous ne vous trompez pas. Mais ce phénomène se produit avec une intensité presque égale dans des pays plus à l'abri de cette menaçante éventualité, et nous sollicite à chercher une cause plus générale encore. Ainsi, la Belgique, de 200 millions en 1870 est passée à près de 400 millions aujourd'hui. La Hollande, de 208 millions de francs pour 1870 à 272 millions en 1880.

L'Angleterre, enfin, de 1,697 millions de francs en 1860 est arrivée à 2,130 millions en 1885 (Liv. 69,610,000 à Liv. 85 millions 292,000).

En définitive, de 1865 à 1880, le budget ordinaire total de l'Europe a augmenté de moitié. De 10 milliards il est passé à 15, et, sur ces 5 milliards d'augmentation, il y en a un bon tiers qui ne doit être attribué ni directement ni indirectement à la guerre.

Que sera-ce donc si nous prenons, non pas des budgets nationaux, mais des budgets provinciaux, départementaux et communaux, sur lesquels les préoccupations militaires ne peuvent avoir que des retentissements insensibles ?

Nous voyons qu'en France notre budget dit des

ressources spéciales, qui est formé d'une partie des revenus des départements et des communes, et autres établissements publics (centimes additionnels), perçus pour leur compte par l'État, a progressé de 240 millions en 1863 à 477 millions pour l'exercice 1881. Nous voyons encore que le budget ordinaire et extraordinaire communal, non compris Paris, est passé de 450 millions en 1862, à 713 millions en 1877; que pour Paris, enfin, les dépenses, au lieu de 107 millions en 1855 sont, en 1885, de 260 millions.

Dira-t-on qu'il y a du gaspillage, et que la faute en est à notre démocratie ? Il y a du vrai dans ce reproche ; mais les budgets locaux d'Angleterre sont passés de 900 millions en 1868 à 1 milliard 600 millions en 1882 (Liv. 36.132.000 contre Liv. 66 millions 665.000). Mais ceux de la Suisse, de l'Italie, de l'Allemagne, de la Belgique, ont augmenté dans les mêmes proportions. Il n'est pas jusqu'aux États-Unis, le seul pays du monde peut-être où le budget national soit en décroissance, qui ne voient également augmenter les chiffres de leurs dépenses locales, autant du moins que l'insuffisance des documents nous permet de le conjecturer.

Notez enfin que, pour mieux frapper vos esprits, j'ai resserré la période d'augmentation dans les vingt dernières années. L'accroissement eût été bien plus fort encore si j'avais pris pour point de départ le commencement du siècle (¹).

____

(¹) En resserrant dans cette dernière période le tableau des augmentations, j'ai aussi évité l'objection tirée de la baisse de la valeur de la monnaie, puisque, au contraire, dans cette période, la valeur de la monnaie a eu plutôt une tendance dans la hausse (diminution générale des prix de gros depuis 1873).

Ces pages mettent en pleine lumière le grossissement graduel et très général des différents budgets, que la progression des dettes publiques (note page 5) trahissait déjà. Mais le chiffre de la dette n'est pas toujours un sûr baromètre, car certaines nations, comme les Etats-Unis à l'heure actuelle, peuvent recourir beaucoup moins que d'autres à l'emprunt, sans cependant ménager davantage le contribuable.

Note relative à la page 179.

La réforme administrative (Civil Service) aux Etats-Unis.

Dans la grande république d'outre-mer, le gouvernement manie des sommes énormes, et comme là-bas les occupations sont absorbantes, la chasse aux pain quotidien ou aux millions fiévreuse, la masse du peuple ne s'intéresse aux affaires du pays que par intermittence, de loin en loin, les jours de grande bataille électorale.

Rien ne pouvait contribuer plus efficacement à la création d'une classe de gens pour qui la politique devient un métier. On vit bientôt s'organiser deux états-majors qui prirent la direction des deux partis principaux et qui s'appliquèrent à s'emparer du pouvoir en vue de son exploitation.

Ces deux comités, ayant partout des ramifications, distribuaient d'avance les emplois publics. En cas de changement de régime, les anciens fonctionnaires étaient balayés, et leurs successeurs devenaient bientôt un rouage important de la machine politique. Ils étaient taxés d'office pour aider aux dépenses électorales et utilisés comme agents électoraux : on n'en pouvait trouver de plus dévoués.

On se représente aisément ce que devenaient les services publics dans de telles conditions. On imagine comment la besogne se faisait dans les bureaux de l'État, avec quelle exactitude et dans quelles conditions d'économie. Toutes les décisions importantes pour le pays se prenaient dans le *caucus* du parti dominant, qui finissait par supprimer le fonctionnement régulier des corps politiques. On y faisait les nominations aux emplois officiels, on y votait les travaux publics, on y disposait sans se gêner de l'argent des contribuables.

Le mal dont nous parlons n'était pas seulement dans la politique fédérale ; il se retrouvait aussi dans les administrations municipales. Les habitants de la ville de New-York en savent quelque chose.

Ils ne sauraient oublier de quelle façon ils furent rançonnés par le trop illustre Tweed qui, il faut le dire, volait moins encore lui-même qu'il ne laissait faire ses rapaces associés. Toujours est-il que son passage aux affaires fut signalé par un pillage éhonté, accompli sur une échelle jusque-là absolument inconnue. Il en convenait d'ailleurs lui-même. et quand on le mettait sur ce chapitre. il se contentait de répondre que ces choses-là sont difficiles à éviter. Et, en effet. il n'est pas très aisé, quand on est au pouvoir et qu'on désire y rester, de gérer le bien du public dans le seul intérêt du peuple lui-même.

Cependant à quelque chose malheur est bon, et c'est à New-York même que nous voyons s'accomplir les premiers efforts que l'on puisse considérer comme une sérieuse déclaration de guerre à ces cliques sans vergogne confisquant au profit de quelques-uns les finances et la dignité de tous.

En 1877, un habitant de cette ville réunit dans son cabinet une vingtaine de citoyens pour conférer avec eux sur les moyens de réagir contre cette plaie sociale.

Le promoteur de ce mouvement, M. Dorman B. Eaton, devait plus tard jouer le rôle prépondérant dans cette patriotique croisade, et on lui doit un ouvrage sur la réforme du « service civil » qui fut comme le catéchisme de la jeune école dont il vulgarisa les doctrines.

Il ne pouvait être question de supprimer les politiciens, mais on voulait du moins les empêcher de disposer si commodément des places et des hommes en place. Les emplois publics, se disait-on avec raison, doivent être donnés aux plus dignes et être conservés à leurs titulaires aussi longtemps qu'il n'y a' pas manquement au devoir. Il ne semblait pas admissible qu'ils servissent à récompenser des services politiques et à fournir à un parti une armée dévouée, qui non seulement ne lui coûtait rien, mais encore lui fournissait des ressources.

La réforme proposée répondait trop bien aux besoins de l'heure pour n'être pas acclamée par les esprits indépendants. Sur divers points, des associations civiques surgirent pour travailler à sa réalisation.

Les choses marchèrent plus vite qu'on n'eût pu le prévoir. Dès le commencement de l'année 1881, deux propositions furent déposées au sénat et à la chambre des représentants de Washington. La première était le bill Pendleton, qui établissait des règles fixes pour la nomination aux emplois publics et faisait dépendre les choix du mérite des candidats et non de la couleur de leurs opinions politiques ; la seconde, le bill Willis, visait à supprimer l'obligation faite aux employés par les comités directeurs des partis, d'avoir à se laisser imposer une taxe pour fournir aux dépenses de la politique active.

Ces deux bills ne devaient pas tarder à devenir un acte du congrès et à entrer, par conséquent, dans la législation des États-Unis.

Cette mesure d'une si haute portée eut l'effet de déplaire très fort aux politiciens contre qui elle était dirigée, et il fallait bien s'y attendre. Ils n'eurent pas assez de dédain et de sarcasme à répandre sur ces naïfs réformistes, qui songeaient à limiter les droits du pouvoir, c'est-à-dire la tyrannie des partis, et à mettre fin au régime du partage des dépouilles entre les vainqueurs *(spoils system)*.

Il est vrai que depuis quelques années les deux partis avaient jugé avantageux pour s'attirer les voix des groupes modérés, d'inscrire la réforme administrative à leur programme. Mais cela ne tirait pas à conséquence. Est-ce que les programmes sont faits pour être exécutés ? Sous la présidence du général Grant, le congrès n'avait-il pas, à réitérées fois, refusé au gouvernement un modeste crédit pour faire étudier la question de la réforme administrative ?

Il céda pourtant le 16 janvier 1883, et ce qui décida de l'acceptation, ce fut la crainte où était le parti gouvernemental — les républicains — qui venaient d'essuyer de sérieux échecs dans les élections législatives, de se faire battre aux élections présidentielles, et de se trouver alors sans moyen de conserver la moindre partie de l'administration.

Il n'est que juste de payer un tribut de respect et de reconnaissance au président martyr, le noble Garfield, qui s'était prononcé avec une courageuse vigueur en faveur de la réforme.

« Le présent système, avait-il déclaré, paralyse les efforts des législateurs,... dégrade l'administration, lui enlève, au détriment de sa pureté et de sa bonne marche, les hautes et viriles qualités qui lui sont si nécessaires, et corrompt l'esprit public en lui présentant les places de l'État comme une récompense offerte au zèle déployé pour un parti. Il n'est pas pour un homme d'État de devoir plus haut et plus impérieux que la réforme administrative. »

Considérons maintenant, dans ses grandes lignes, la loi du 16 janvier 1883 qui, encore qu'elle ne réalisât qu'une partie des vœux des réformistes, n'en constituait pas moins une superbe victoire.

Il est institué, y lisons-nous en substance, une commission de « service civil », laquelle sera composée de trois membres dont il ne pourra se trouver plus de deux appartenant au même parti (et qui, soit dit en passant, recevront un salaire annuel de 17,500 francs, plus leurs frais de déplacement).

Cette commission organisera des concours d'un caractère pratique et appropriés à chaque cas, en vue de l'admission aux différents emplois publics.

Les places officielles seront classées en un certain nombre de catégories hiérarchiques et la commission aura à déterminer par des épreuves comparatives les mérites des fonctionnaires en charge, de façon que, quand il y aura une promotion à faire, le choix porte sur le mieux qualifié.

Les candidats-fonctionnaires ne pourront être nommés qu'à la suite d'un stage.

Le gouvernement tiendra la commission du service civil au courant de toutes les nominations ou révocations faites par lui, en indiquant également les cas où il se serait écarté de la règle posée dans la présente loi, et pourquoi.

La commission pourra s'adjoindre un examinateur chef, un secrétaire et un sténographe, ainsi que les experts dont elle aurait besoin à l'occasion, n'importe en quelle partie du pays.

Défense est faite à tout fonctionnaire de réclamer à des employés de l'État des contributions politiques, et cela sous peine d'amende et d'emprisonnement (jusqu'à 25,000 francs d'amende et trois ans de prison). Le refus de répondre à de semblables exigences ne saurait en aucune manière influer sur une situation acquise ou sur une candidature posée.

Défense est faite également, soit aux membres du congrès de recommander des candidats à un poste, soit aux examinateurs de prendre en considération des recommandations de cette nature.

Toute branche de l'administration où se trouvent déjà deux membres ou davantage, d'une même famille, sera fermée à d'autres personnes appartenant à cette famille.

Les individus portés à la boisson ne sauraient ni être nommés, ni, s'ils sont en place, être maintenus dans leur position.

La loi de 1883, condamnation très nette du passé administratif des États-Unis et qui marque l'entrée dans les voies nouvelles, laisse encore à désirer aux yeux des réformistes avancés, sous trois rapports surtout.

D'abord, elle n'a pas mis fin à l'existence des nominations à terme, faites pour une durée de quatre ans, et qui, coïncidant avec le retour des élections présidentielles, restent ainsi comme une pâture à l'avidité des partis. Si M. Cleveland, avec son extrême modération, a pu, dans les deux premières années de sa présidence, remplacer, par exemple, 2000 maitres de poste de la première catégorie et nommés pour quatre ans, sur un total de 2400, qu'attendre des autres chefs du pouvoir ?

En second lieu, la loi ne s'applique pas à toutes les branches des services publics, mais à celles-là seulement que le gouvernement juge bon de placer sous sa juridiction, et laisse en général hors de son atteinte les fonctionnaires d'un rang élevé.

Enfin, si les règles posées diminuent l'arbitraire en ce qui regarde les nominations, elles laissent la porte trop grande ouverte aux révocations. Ce sont là de graves défauts, et les associations constituées en vue de la réforme administrative, ne perdent pas une occasion de demander qu'on les fasse disparaitre.

Au mois d'avril 1885, M. Eaton, devenu l'un des membres de la commisson du « service civil », donnait sur les effets de la législation de 1883 les renseignements qui suivent :

« On peut, déclarait-il, estimer à 120,000 le chiffre total des employés relevant du pouvoir fédéral, desquels 14,000 seulement sont astreints au régime des concours. Mais on ne doit pas perdre de vue que, sur ces 120,000 fonctionnaires, il s'en trouve des milliers qui ne sont que de simples manœuvres, et qu'il y a plus de 50,000 maitres de poste.

« Les concours s'étendent au département de Washington, au service des postes ainsi qu'à celui des douanes, et ils sont pratiqués dans une mesure suffisante pour qu'il soit déjà possible d'apprécier exactement les résultats acquis dans chacune des trois grandes branches.

« Sur près de 6000 fonctionnaires travaillant à Washington, les concours sont de rigueur pour tous, sauf 450, mais tous, d'une manière ou d'une autre, sont assujettis à quelques-unes des dispositions de la nouvelle loi. Le nombre des commis postaux s'élève pour l'ensemble du pays à un peu plus de 10,000, dont 5690 ont à passer par la filière des concours. Dans le service des douanes, les concours existent pour les 5/7 du personnel et les bureaux dans lesquels le nouveau régime préside au recrutement des employés perçoivent 95/100 des droits d'entrée.

« La commission du « service civil » a examiné, en nombres ronds, 11,500 personnes, et plus de 2000 nominations ont été faites sur la foi des attestations délivrées à la suite de ces épreuves. Aucune nomination n'a eu lieu au mépris des résultats fournis par les concours. »

La *Nation* de New-York, qui, dès l'origine, a plaidé vigoureusement la cause de la réforme administrative, nous renseigne sur les progrès accomplis depuis 1885 jusqu'à l'année où nous sommes, et signale entre autres l'extension des prescriptions du « service civil » à une nouvelle branche importante de l'administration : les commis postaux des bureaux ambulants. Le curieux de l'affaire, c'est que l'initiative de cette extension fut prise par l'ex-président Cleveland, au moment où il allait déposer le pouvoir. Aussi les républicains du congrès de déclarer que les « démocrates » dont M. Cleveland était l'élu, voulant par là créer des embaras au futur gouvernement Harrison. Mais les « démocrates » répliquèrent victorieusement en rappelant à leurs adversaires qu'au moment de quitter la Maison Blanche, un de leurs présidents, M. Arthur, en avait fait autant lorsqu'il agrandit, lui aussi, tout à la fin de son règne et dans des proportions considérables, la sphère d'application des lois administratives de 1883.

Actuellement on compte dans les départements de Washington environ 9000 employés soumis aux effets de ces lois; dans onze districts douaniers 2298; dans quarante bureaux de poste 11,000; dans les wagons-poste 5320, soit en tout 27,618 contre 13,897 inscrits à l'origine.

Il résulte des divers renseignements que nous venons de produire que les méthodes préconisées pour la réforme de l'administration ont pris pied, progressent et entrent dans les mœurs. Mais il ne faut pas s'endormir, les réformistes le sentent, et la façon dont ils travaillent montre assez qu'ils ne se flattaient pas d'une réussite facile et immédiate.

Ils ont formé une grande ligue *(National Civil Service Reform League)*, présidée depuis sa naissance par un patriote qui occupe un rang éminent dans la pléiade des écrivains américains : M. George William Curtis, de New-York, et qui se ramifie en associations distinctes dans les différentes parties du pays. A la tête soit de la ligue elle-même, soit des associations, sont placés des comités qui, à côté de leur œuvre de propagande, ont aussi pour mission de veiller à ce que les règles existantes du « service civil » soient honnêtement mises en pratique. S'aperçoivent-ils qu'elles ont été violées sur quelque point, ils réclament auprès de qui de droit, et saisissent des faits l'opinion publique. Sous la dernière présidence de M. Cleveland, ils n'ont d'ailleurs rencontré en haut lieu que des magistrats très dévoués à leur cause et qui, dans la mesure où les influences politiques leur en laissaient la liberté, s'associaient à leurs efforts.

Les associations locales ont leur organisation et une activité propres qui varient suivant les milieux et les circonstances. Chaque année, à l'assemblée générale de la ligue, il est présenté des rapports qui permettent de suivre pas à pas le mouvement en avant ou ses arrêts.

Les réformistes nourrissent cette ambition fort légitime de voir accepter leurs principes non seulement dans l'administration fédérale, mais aussi dans l'administration des États et des municipalités. Jusqu'ici le « service civil » n'a été institué que dans les deux États du Massachusetts et de New-York, avec extension à certaines municipalités, dont New-York ville. C'est encore peu, mais c'est un précieux encouragement.

Tous les scandales malpropres causés par la domination de l'esprit de parti et qui pourront se produire profitent à la cause de la réforme. Il fallait d'abord préparer les esprits en sa faveur : on y a déjà grandement réussi. C'est, on en conviendra, un symptôme bien significatif que de voir les électeurs appuyer le mouvement et des candidats y adhérer dans l'intérêt de leur élection. Il est, par exemple, absolument prouvé que M. Cleveland n'aurait pas été nommé président des États-Unis sans ses sympathies réformistes.

Le plus redoutable des obstacles qui restent à surmonter, c'est l'opposition sourde de tous les hommes que des règles fixes, gardiennes de l'équité, soutiens de l'ordre, contrarient, et très spécialement celle de certains fonctionnaires supérieurs. Mais on peut espérer pour le bonheur de l'Amérique que la réforme réussira. Espérons-le aussi pour l'Europe, qui, après une expérience sanctionnée par un indiscutable succès, se verrait forcée d'imiter l'exemple de l'Amérique.

Note relative à la page 210.

« Local Option. »

La décentralisation administrative n'offre rien dans son histoire de plus intéressant que le mouvement de fraiche date connu sous le nom de « local option. » On voit au mot lui-même que ce sont les pays de langue anglaise qui ont fourni l'expérience dont nous parlons.

Il n'est pas, peut-être, de question plus épineuse pour un gouvernement, que celle des moyens à mettre en œuvre pour réprimer l'alcoolisme.

Il y a bien pour cela un moyen radical. C'est celui qui consiste à interdire la vente des spiritueux, sauf à titre d'article de pharmacie, lorsqu'ils sont ordonnés par le médecin.

L'Etat de Maine (Etats-Unis) entra le premier dans cette voie, en 1851, par sa loi prohibitive de la vente des liqueurs (Prohibitory Liquor Law), plus couramment désignée sous le nom de loi de Maine (Maine Law). Avec quelques intermittences, cette législation est restée en vigueur, et le 8 septembre 1884 le principe de l'interdiction fut incorporé à la constitution de l'Etat de Maine, à la suite d'un vote donnant 68,000 voix pour et 23,000 contre.

D'autres États américains adoptèrent le principe de la loi de Maine, ceux-ci entre autres : Kansas, Iowa, Vermont, New-Hampshire.

Toutefois, ce n'est pas seulement en Amérique que sévit le fléau de l'alcoolisme, et l'Angleterre assista le 1er juin 1853, à la création de l'Alliance du Royaume-Uni (United Kingdom Alliance) qui se proposait pour but « la suppression entière et immédiate, par voie législative, de la vente comme boissons, des liqueurs enivrantes. »

Les avocats de l'abstinence auraient vivement désiré pouvoir faire édicter une sorte de loi de Maine applicable à toute l'étendue du pays, mais avec le sens pratique qui distingue les Anglais, ils ne tardèrent pas à reconnaître qu'il y avait là une impossibilité, et ils abandonnèrent ce dessein. On leur représenta, en effet, qu'une telle mesure ne pourrait être décrétée sans jeter dans le plus grand désarroi une portion considérable du commerce national et déséquilibrer en même temps l'assiette des impôts.

On en vint alors à l'idée d'une « loi de Maine volontaire » ou *permissive bill* qui, au lieu de s'étendre à l'ensemble du territoire, s'appliquerait seulement aux différentes localités agissant souverainement dans cette question. M. Gladstone, dans une lettre lue, en 1868, à l'assemblée générale de l'Alliance, se déclarait favorable au principe du *local option*.

Le terme de « local option » qu'il n'est pas sûr d'ailleurs que M. Gladstone ait inventé, fut trouvé très commode et devint dès lors d'un emploi général pour désigner le droit accordé aux différentes localités de prendre les mesures qu'elles jugeraient utiles en vue de réprimer l'ivrognerie dans leur ressort.

C'est sur ce terrain que l'Alliance porta le débat.
Elle provoqua un grand mouvement dans le pays et,
par cinq fois, saisit la chambre des communes de la
question.

Repoussé d'abord en 1879 et en 1880 le « local option » finit par être sanctionné en 1880 par 245 voix
contre 219. Dans les deux années qui suivirent, des
votes dans le même sens donnèrent à la mesure préconisée par l'Alliance, des majorités qui, de 26, s'éle-
vèrent à 42 puis à 87 voix.

Toutefois, la chambre des communes ne s'était prononcée que sur le principe, et la loi restait à faire.

Il ne faut pas s'étonner des difficultés que l'on ren-
contrait à compléter l'œuvre. L'application du « local option » constituerait une véritable révolution
administrative, alors même que, comparée à d'autres
pays, l'Angleterre possède déjà une certaine décentralisation.

Mais pendant que l'Angleterre hésitait encore à
s'engager dans le chemin nouveau qu'elle s'était pourtant formellement engagée à suivre, l'Amérique prenait les devants et pratiquait avec succès le « local
option. » De Tocqueville avait déjà montré dans quelles conditions excellentes se trouve ce pays, qui est
une confédération d'Etats habitués au *self government*,
pour faire de la politique expérimentale, et comment
on peut s'y livrer, sur un point donné, à des essais qui
profitent à tout le reste de la nation.

Or donc, le « local option » a fait des progrès rapides de l'autre côté de l'Atlantique. Les comtés, qui
correspondent à peu près à nos communes, ont été
investis par un grand nombre de législatures locales
du droit de légiférer d'une manière indépendante sur

ce qui touche à la vente des spiritueux. Elles peuvent, ou bien en interdire la vente, ou bien la permettre en établissant de fortes patentes qui ont pour effet de diminuer le nombre des débits de boisson, ou bien encore se prononcer pour le régime ancien : liberté, patentes modérées.

Une fois le système du « local option » adopté, les électeurs du comté sont appelés à époque fixe, chaque année ou à intervalle plus éloigné, à se prononcer pour l'un des modes que nous venons d'indiquer. Ils n'est pas rare qu'après avoir essayé de l'un ils passent à un autre. L'expérience se poursuit.

On a compris qu'elle ne se fait que dans les États qui ne possèdent pas une loi de Maine, interdisant d'une manière générale la vente des boissons alcooliques, car là, il n'y a pas place pour une législation locale qui frapperait de nullité la loi de l'État.

Nous trouvons le « local option » en activité dans le Massachussetts, le New-Jersey, New-York, ainsi que dans nombre d'autres États.

Il amène assez généralement le triomphe de la « prohibition. » Mais quand on en est là, il reste encore à rendre cette prohibition de la vente des spiritueux effective. C'est alors à l'opinion publique, à la presse, aux sociétés de tempérance, qu'il incombe de découvrir les violations de la loi, de les dénoncer, et de forcer l'autorité à faire son devoir. Dans telles localités que nous pourrions nommer, il s'est créé tout exprès pour seconder cette œuvre de surveillance, une feuille spéciale aux mains d'une sorte de comité de vigilance. On nous apprenait il y a quelque temps que dans la petite ville de Cambridge, près de Boston, le siège du célèbre collège de Harvard, les électeurs, après un premier essai du régime suppressif, se sont prononcés pour sa continuation. Grâce à l'emploi des moyens que nous venons d'indiquer, le succès avait été complet ; des changements fort heureux étaient constatés dans l'état moral et social de la communauté, si bien que certains quartiers ouvriers, à l'origine très opposés à la « prohibition », ont voté à d'assez fortes majorités pour son maintien.

Mais ailleurs les choses n'ont pas marché de la même manière, et la prohibition n'a pas porté les fruits attendus, en sorte qu'on l'a abandonnée pour recourir à d'autres solutions du problème.

En raison de l'indépendance administrative dont il jouit, le Canada a pu faire aussi connaissance avec le « local option », au moins dans quelques parties du pays.

Nous ne pouvons entrer ici dans plus de détails. Nous en avons dit assez pour le but qui nous intéresse en ce moment, la décentralisation administrative.

Pour informations plus spéciales sur le sujet, nous renvoyons à un petit ouvrage que nous avons largement utilisé dans cette note : *Local Option* by W. S. Caine, William Hoyle and Dawson Burns (Londres, Swan Sonnenschein, Le Bas et Lowrey, 1885).

Note relative à la page 250.

Droits populaires.

Afin de donner une idée plus précise du fonctionnement du *referendum* et du droit d'initiative en Suisse, nous réunissons ici quelques textes constitutionnels, savoir les lois ayant trait :

1º Au *referendum* facultatif en matière fédérale ;

2º Au *referendum* facultatif dans le canton de Genève.

3º Au *referendum* soit facultatif, soit obligatoire, ainsi qu'au droit d'initiative

a) Dans le canton de Neuchâtel ;

b) Dans le canton de Zurich, la plus démocratique des vingt-cinq républiques suisses.

Nous ajoutons, afin de prévenir des malentendus, que ni la Confédération suisse ni l'État de Genève ne possèdent le *referendum* obligatoire non plus que le droit d'initiative.

CONFÉDÉRATION SUISSE

Les lois fédérales sont soumises à l'adoption ou au rejet du peuple, si la demande en est faite par 30,000 citoyens actifs ou par huit Cantons. Il en est de même des arrêtés fédéraux qui sont d'une portée générale et qui n'ont pas un caractère d'urgence.

CANTON DE GENÈVE

Lois sur le Referendum facultatif

ARTICLE PREMIER. — Les Lois ou Arrêtés législatifs, votés par le Grand Conseil, sont soumis à la sanction du peuple lorsque le *referendum* est demandé par 3,500 électeurs au moins, dans le cours des 30 jours qui suivent celui de la publication de ces Lois ou Arrêtés, et sous les réserves ci-après.

ART. 2. — Le *referendum* ne peut s'exercer contre la Loi annuelle sur les Dépenses et les Recettes, prise dans son ensemble.

Ne peuvent être soumises au *referendum* que les dispositions spéciales de cette Loi établissant :

a) Un nouvel impôt ou l'augmentation d'un impôt déjà existant ;

b) Une émission de rescriptions ou un emprunt sous une autre forme.

Le Grand Conseil indique dans la Loi budgétaire, les articles qui doivent attendre le délai de 30 jours pour être promulgués.

ART. 3. — Le *referendum* ne peut également pas s'exercer contre les Lois et Arrêtés législatifs ayant un caractère d'urgence exceptionnelle.

La décision constatant le caractère d'urgence est de la compétence exclusive du Grand Conseil.

ART. 4. — Dans le cas où le chiffre de 3,500 signatures valables est atteint, le Conseil d'Etat soumet, dans un délai maximum de 40 jours à partir de l'expiration du premier délai, la Loi ou l'Arrêté législatif à la votation populaire, et la majorité absolue des votants décide de l'acceptation ou du rejet.

La votation sur les Lois ou Arrêtés législatifs

soumis à la sanction populaire a lieu suivant le mode prévu par la Constitution et les Lois pour les votations constitutionnelles.

CANTON DE NEUCHATEL

L'initiative populaire est le droit de proposer au Grand Conseil l'adoption, l'élaboration, la modification, ou l'abrogation d'une loi ou d'un décret.

La proposition doit être faite par 3,000 électeurs au moins.

Si le Grand Conseil rejette la proposition ou modifie le texte d'un projet dont l'adoption intégrale est demandée, la question est soumise au peuple, mais le Grand Conseil peut présenter les motifs de son rejet, ou une proposition parallèle....

Tout emprunt ou engagement financier dépassant la somme de fr. 500,000 devra être soumis à la ratification du peuple....

Les lois sont soumises à l'adoption ou au rejet du peuple, si la demande en est faite par 3,000 électeurs. Il en est de même des décrets qui sont d'une portée générale et qui n'ont pas un caractère d'urgence.

Le Grand Conseil ne peut prononcer l'urgence qu'à la majorité des deux tiers des députés qui prennent part à la votation.

CANTON DE ZURICH

Droit de proposition du peuple.

Le droit de proposition de la part des électeurs (Initiative) comprend : le droit de demander l'élaboration, l'abrogation ou la modification d'une loi ainsi que d'arrêtés législatifs, qui, aux termes de la constitution, ne sont pas exclusivement du ressort du Grand Conseil. Ces demandes peuvent être présentées sous la forme d'un simple vœu ou d'un projet rédigé, avec indication, dans les deux cas, des motifs à l'appui.

Quand un particulier ou une autorité constituée présente une demande de ce genre, si elle est appuyée par le tiers des membres du Grand Conseil, le peuple est de droit appelé à se prononcer à son sujet. Le ou les représentants de l'autorité requérante pourront faire en personne l'exposé des motifs devant le Grand Conseil, si 25 membres de ce corps en expriment le vœu.

La votation populaire aura également lieu sur toute demande présentée par 5,000 électeurs ou par un certain nombre de communes où elle aura été appuyée par 5,000 électeurs au minimum, pour autant que le Grand Conseil ne leur donnerait pas satisfaction. Toute requête présentée en temps utile sera soumise à la décision du peuple, au plus tard la deuxième fois qu'il y aura votation.

La requête relative à un projet de loi doit être préalablement déposée devant le Grand Conseil pour être examinée par lui.

Dans le cas où un projet de loi émanant de l'initiative populaire vient en votation, le Grand Conseil peut aussi, de son chef, s'il le juge bon, soumettre un projet de loi à la décision du peuple.

Votation du peuple

Deux fois par an, au printemps et à l'automne, le peuple est appelé à voter sur les actes législatifs du Grand Conseil (*Referendum*). Dans des cas ur-

gents, celui-ci peut demander une votation extraordinaire.

Doivent être soumis au peuple :

1º Tous les changements à la constitution, à des
lois et arrêtés ;

2º Les décrets du Grand Conseil que celui-ci
n'est pas autorisé à rendre d'une manière définitive ;

3º Les décisions que le Grand Conseil veut soumettre de lui-même à la votation.

Le Grand Conseil est autorisé à décréter, outre
la votation sur un tout, une votation sur des points
spéciaux.

Cette votation a lieu au scrutin, dans les communes. La participation est un devoir civique.

La votation ne peut avoir lieu que par *oui* ou par
non.

La majorité absolue des voix affirmatives ou né-
gatives décide.

Le Grand Conseil n'est pas autorisé à mettre
provisoirement en vigueur des lois ou décrets.

Les propositions présentées à la votation populaire doivent être affichées et envoyées à tous les
électeurs au moins trente jours avant le scrutin.

Note relative à la page 258.

Représentation proportionnelle

Bluntschli, l'un des maîtres incontestés de la science politique, s'exprime comme suit sur le système électoral actuel :

On se contente généralement aujourd'hui de diviser le pays en un certain nombre de *circonscriptions électorales*, déterminées arbitrairement, sans communauté, sans liaison interne, et qui décident à la majorité des voix, celles de la minorité demeurant sans effet.

Ce système, qui compte les voix au lieu de les peser, n'a pas même le mérite, comme le dit justement *Eötvös* (*Moderne Ideen*, I, p. 187), d'assurer à la majorité des citoyens la majorité de la représentation. En effet, supposons que le pays soit divisé en 100 circonscriptions ayant chacune 4,000 électeurs, que deux partis A et B soient en présence, que 51 circonscriptions votent pour A et 49 pour B : le premier parti l'emportera. Mais d'autre part, les électeurs se trouvaient répartis comme suit : dans chacune des 51 circonscriptions, 2,500 électeurs ont voté pour A, 1500 pour B ; dans chacune des 49, au contraire, 3,500 ont voté pour B, 500 pour A. — B, qui est battu, comptait 352,000 adhérents ; et A, le vainqueur, n'en a eu que 148,000 !

Ce ne sont pas là de pures hypothèses. Dans plusieurs États de l'Amérique du Nord, le rapport des deux grands partis dans les chambres est sensiblement différent du rapport de ces mêmes partis dans la nation. En Europe également, nous avons vu souvent des minorités considérables n'avoir qu'une représentation insuffisante ou nulle.

Une représentation vraie doit être une image semblable, et, par suite, proportionnelle. Le système reçu est donc en contradiction avec l'idée qu'il poursuit.

Ce n'est pas son seul défaut :

1º Le droit de vote appartient à tous; mais, dans chacune des circonscriptions, le vote des minorités demeure illusoire et sans effet. N'est-ce pas violer *l'égalité des droits* et la *liberté* d'un grand nombre.

2º Tout le système a quelque chose de *violent :* les électeurs sont forcés, pour ne pas annuler de fait leur bulletin, d'accepter les candidats de l'un des principaux partis en présence.

3º L'élection n'est plus qu'une *bataille* des partis.

4º Il éloigne des chambres nombre d'*hommes spécialement capables,* vus souvent avec défiance par les chefs des partis et repoussés par les clubs.

5º Il est loin d'assurer toujours le règne de la vraie majorité : dans chaque parti, c'est également la majorité qui entraîne la minorité, alors que celle-ci serait peut-être la majorité en s'unissant à d'autres fractions (¹).

(*La Politique,* trad. de Riedmatten, 2ᵉ éd., p. 281 et 282.)

(¹) *Naville.* La réforme électorale, Genève, 1867, traduit en allemand par *Wille ;* Zurich, 1868.

Voici, d'autre part, l'opinion qu'un autre grand publiciste de ce siècle, John Stuart Mill, exprimait au sujet de la représentation nationale :

Une majorité d'électeurs devrait toujours avoir une majorité de représentants; mais une minorité d'électeurs devrait toujours avoir une minorité de représentants.

Homme pour homme, la minorité devrait être représentée aussi complètement que la majorité. Sans cela il n'y a pas d'égalité dans le gouvernement, mais bien inégalité et privilége; une partie du peuple gouverne le reste : il y a une portion à qui l'on refuse la part d'influence qui lui revient de droit dans la représentation, et cela contre toute justice sociale, et surtout contre le principe de la démocratie, qui proclame l'égalité comme étant sa racine même et son fondement.

(*Le Gouvernement représentatif*, trad. Dupont-White p. 152 et 153.)

Si l'on prend la démocratie pour ce qu'elle est ordinairement, c'est-à-dire pour le gouvernement de la majorité numérique, il est possible que le pouvoir dominant soit sous l'influence d'intérêts de classe ou de coterie que lui imposent une tout autre conduite que ne le voudrait la considération impartiale de tous les intérêts. Supposons une majorité de blancs et une minorité de nègres ou *vice versa* : est-il croyable que la majorité va se montrer équitable envers la minorité ?.....

Donc, un des grands dangers de la démocratie comme de toutes les autres formes de gouvernement, consiste dans les intérêts *sinistres* de ceux qui possèdent le pouvoir : ce danger est celui d'une législation de classe, d'un gouvernement qui recherche (soit qu'il réussisse, soit qu'il échoue) le profit immédiat de la classe dominante, au détriment durable de la masse. Et c'est une chose à considérer entre toutes, lorsqu'on détermine la meilleure constitution d'un gouvernement représentatif, que la manière de se bien précautionner contre ce mal. '

(*Le Gouvernement représentatif,* trad. Dupont-White, p. 138, 146 et 147).

Après avoir présenté avec force, comme on vient de voir, les inconvénients du système électoral actuel, lequel consacre l'omnipotence d'une majorité de scrutin qui n'est pas nécessairement la majorité du pays, Bluntschli et Mill exposent le système proportionnaliste de l'Anglais Hare, qui leur parait réagir contre tous ces graves déficits.

Ce projet raisonné, dit en conclusion Bluntschli (p. 285), a trouvé de nombreux partisans. Mais les grands partis le repoussent encore pour la plupart, craignant de voir diminuer leur influence et préférant opprimer les minorités.

Celles-ci elles-mêmes, lorsqu'elles sont fortes, aiment souvent mieux supporter ce mal passager, dans l'espoir de prendre leur revanche.

Veut-on juger de quelle manière arbitraire le système empirique en vigueur dispose des sièges dans les assemblées qui sont censées représenter le corps électoral ?

Un journal radical du canton de Fribourg, le *Confédéré,* publiait il y a quelques mois les lignes suivantes que plusieurs organes de la même opinion ont reproduites sans commentaires ou en en approuvant le contenu :

AU TESSIN ET A FRIBOURG

Il résulte, de l'aveu même des journaux ultramontains, que sur environ 25,000 votants qui se sont présentés aux urnes le 3 mars, au Tessin, la majorité conservatrice n'est pas supérieure à 5 ou 600 voix. Et si l'on accueille les chiffres indiqués par les journaux libéraux, cette majorité n'est plus que d'à peine 300 voix, sans parler des 6 à 700 citoyens que l'on a injustement exclus du scrutin et sur les droits desquels une enquête fédérale se poursuit.

Quoi qu'il en soit, une situation politique qui donne à 12,600 électeurs 77 députés contre 35 à 12,300 est une situation anormale et l'on comprend facilement que les libéraux tessinois se plaignent amèrement, surtout si l'on tient compte de l'influence du gouvernement, lequel dispose toujours de plusieurs centaines de suffrages. Il résulte de ce vote que la vraie majorité populaire est libérale et que cependant elle ne dispose pas d'un tiers des voix au Grand Conseil. C'est une énormité.

Mais il y a mieux. Dans le Sotto-Cenere, la majorité libérale des votants est incontestable; elle est de plus de 700 voix. Et cependant, dans cette partie du canton, grâce aux découpures artistiques des cercles électoraux, les libéraux n'ont que 21 siéges et les ultramontains 33!

S'il faut appeler les choses par leur nom, c'est non seulement une révoltante iniquité, mais un système pareil constitue une vraie confiscation des droits populaires, un audacieux attentat au suffrage universel.

Aussi, les libéraux tessinois ont-ils mille fois raison de réclamer, par tous les moyens légaux, par la voie des recours comme par une revision constitutionnelle, la fin d'un pareil régime et ils doivent avoir toutes les sympathies de la Suisse libérale.

Il n'y a, du reste, pas que le Tessin dont les populations libérales soient violentées d'une aussi indigne façon. A Fribourg, la majorité ultramontaine compte au maximum 15 à 16,000 voix contre 8 à 9,000 au bas mot, si l'on tient compte du parti publicard. Le Grand Conseil, avec des circonscriptions normales, devrait compter une soixantaine de députés de la majorité contre 30 à 35 appartenant aux deux partis de la minorité. Au lieu de cela, nous avons pour toute députation 12 députés, dont 2 ou 3 encore votent assez régulièrement avec le Gouvernement.

Ce sont de telles situations, injustes, antidémocratiques, immorales, qui propagent les haines et les divisions, ce sont elles qui provoquent les révolutions. Et certes, si les Tessinois libéraux faisaient jamais justice des abus dont ils souffrent, ce ne serait pas à nous à leur jeter la pierre.

On nous croira sur parole si nous affirmons que les journaux conservateurs suisses relèvent souvent contre l'exclusivisme des majorités radicales, des faits qui sont le pendant exact de ceux qu'on vient d'entendre les radicaux reprocher à leurs adversaires politiques. Qu'il nous suffise de citer ce flagrant déni de justice : dans les cantons de Vaud et de Neuchâtel, où l'opposition conservatrice libérale forme au minimum un bon tiers de la population, elle n'a pas, à l'heure qu'il est un seul représentant au sein des chambres fédérales.

Mais ce n'est pas seulement sur le territoire helvétique que l'on rencontre de pareilles anomalies, c'est partout. Faut-il rappeler qu'en Belgique, par exemple, le parti libéral après avoir été le maitre, s'est trouvé tout d'un coup presque complètement annihilé dans la chambre ? Nous fera-t-on croire que cet écrasement répondait à un changement parallèle survenu dans l'opinion du pays lui-même ?

Mais voici une dernière constatation qui vaut son pesant d'or. Aux élections présidentielles des Etats-Unis, l'automne dernier M. Claveland obtenait 5,526,603 suffrages et 168 électeurs présidentiels, M. Harrison 5,428,299 suffrages et 233 électeurs présidentiels, et c'est M. Harrison qui a été élu.

Le gouvernement de la majorité numérique peut donc devenir le règne de la minorité.

* * *

Voici, de la plume compétente de M. Ernest Naville, quelques indications qui permettront de se former une idée des procédés pratiques permettant de réaliser le principe proportionnaliste.

Les projets de réforme électorale destinés à établir la représentation proportionnelle se ramènent tous, sous la diversité des détails, à deux classes. Dans la première, la loi ne reconnait que des électeurs et des candidats ; les suffrages émis ont, quant à leur application, un caractère exclusivement personnel. Dans la seconde, la loi reconnait des listes ayant une valeur officielle ; les divers candidats d'une même liste sont présentés collectivement, et les uns bénéficient des suffrages accordés aux autres ; il y a solidarité entre eux.

Les projets de la première classe, où une telle solidarité n'existe pas, doivent pourvoir au transfert des suffrages insuffisants ou superflus. Ce transfert, qui est la condition absolue de la proportionnalité, peut être opéré de deux manières :

1° L'électeur rédige un bulletin par ordre de préférence, sur lequel il indique à quel candidat devra être transféré un suffrage qu'il aurait accordé, en première ligne, à un candidat qui se trouverait déjà élu. C'est le système employé en Danemark, depuis 1855, pour l'élection du Landsthing et illustré par l'ouvrage de M. Thomas Hare (¹) ; on le désigne sous le nom de *Système du quotient*, parce qu'un candidat est élu lorsqu'il a reçu personnellement et directement un nombre de suffrages égal au résultat de la division du nombre des électeurs par celui des représentants à élire. Le transfert des suffrages superflus résulte du mode de rédaction des bulletins ; il reste à régler le mode de transfert des suffrages insuffisants.

2° Les candidats ont le pouvoir de transmettre les suffrages insuffisants ou superflus qui leur ont été accordés, ce qui constitue un élément d'élection au second degré joint à l'élection directe. C'est le procédé indiqué par M. Walter Baily. Ce mode de transfert peut être appliqué au vote uninominal (²), mais

<hr>

(¹) *The Election of Representatives parliamentary and municipal,* London, 1859. Il y a eu, dès lors, plusieurs autres éditions.

(²) C'est ainsi qu'il a été proposé dans le petit volume : *La Réforme électorale en France,* Paris, librairie Didier, 1871.

il reçoit une application beaucoup plus avantageuse avec le vote cumulatif, et le système peut alors être désigné sous le titre de *Vote cumulatif proportionnel*.

Tels sont les deux systèmes dans lesquels se rangent les projets de réforme de la première classe. Les projets de la seconde classe ne forment qu'un seul système, celui de la *concurrence des listes*, parce que le transfert des suffrages résulte toujours de la solidarité qui relie les candidats collectivement présentés par différents groupes d'électeurs.

Ce système est celui qui s'adapte le mieux aux idées et aux habitudes partout où le scrutin de liste est en usage ; c'est donc, toute réserve faite pour des préférences théoriques, celui·qui, dans un grand nombre de pays, se recommande le plus·sérieusement à l'attention des publicistes et des législateurs (¹). Ce système a été adopté par l'État de Buenos-Ayres, en 1876, pour toutes les élections représentatives, et il a fonctionné dès lors sans difficulté aucune. Dans cet État, le renouvellement des corps législatifs est partiel. Il y a, chaque année, une élection pour une partie du Sénat et une pour une partie de la Chambre des représentants. Sans parler des nombreuses élections municipales, le système de la concurrence des listes a donc été pratiqué dix-huit

(¹) Par des raisons que j'ai exposées ailleurs, je considère, au point de vue général et théorique, le vote cumulatif proportionnel comme le meilleur des systèmes de représentation ; mais je pense qu'il a, dans beaucoup de pays, peu de chances d'être adopté, au début de la réforme. Voir un mémoire inséré dans les *Séances et travaux de l'Académie des sciences morales et politiques* (Institut de France), octobre et novembre 1882, et un article sur la valeur des suffrages électoraux dans la *Représentation proportionnelle*, revue belge, mars 1883.

fois pour des élections législatives. Ainsi tombe l'objection si souvent formulée par des esprits inattentifs ou prévenus que la représentation proportionnelle est une simple utopie, une conception théorique impossible à réaliser pratiquement.

Le système de la concurrence des listes peut être appliqué par quatre procédés dont les différences n'ont qu'un intérêt secondaire, parce que le résultat général est le même dans tous les cas. On se tromperait gravement en considérant ces prodédés comme des conceptions opposées de nature à soulever des contestations graves entre les partisans de la réforme électorale. Il y a des diversités entre ces *procédés*, comme entre les trois *systèmes* de représentation proportionnelle ; mais ces diversités ne sont point des oppositions.

Nous regrettons de ne pouvoir donner le développement qui vient ensuite : on le trouvera dans le *Bulletin de la Société suisse pour la représentation proportionnelle*, N° 2 (Genève, librairie Georg).

Nous ne pouvons résister au plaisir de reproduire encore, du *Bulletin de la Société suisse pour la représentation proportionnelle*, le récit qui suit d'une très heureuse application de la méthode électorale vraie. Si elle, est susceptible de donner de pareils résultats en petit, qu'on juge de ce qu'elle pourrait opérer en grand, appliquée à la désignation des corps politiques :

La représentation proportionnelle.... à Chamonix. — Oui, la représentation proportionnelle fait son chemin à Chamonix, et, en attendant qu'elle passe dans nos lois électorales, elle préside aux destinées de la Compagnie des guides de cette localité. Voici les faits, tels qu'ils nous sont fournis par un de nos amis qui les a étudiés sur place et qui s'est procuré toutes les pièces de nature à nous renseigner à leur sujet :

La Compagnie des guides a été longtemps divisée en deux partis très hostiles. Certains guides, de réputation européenne, très recherchés des touristes, toujours occupés et bien payés, étaient jalousés par leurs confrères moins bien partagés qu'eux, et qui les excluaient systématiquement du Conseil d'administration de la Société. Un schisme très grave menaçait de se produire. Il fallait trouver un moyen de sortir de difficulté. Ce moyen, on l'a demandé à la représentation proportionnelle. Voici ce que nous lisons dans le *Règlement des Guides*, qui date de 1881 et que nous avons sous les yeux : Pour faciliter la représentation des différentes catégories d'intérêts, l'élection se fera au scrutin de liste et à la majorité relative, avec la faculté, pour chaque électeur, de porter trois fois, sur son bulletin, le nom du même candidat.

Il a suffi de cette disposition pour ramener la concorde dans la Compagnie. Le groupe dissident, jadis tenu à distance, et qui compte environ 30 membres sur 225 à 230 guides, a pu faire passer ainsi une fois *deux* et une autre fois *un* de ses membres dans le Comité (de neuf membres).

FIN

ERRATUM

Page 126, ligne 15, lire : « la *source* des impôts est la fortune des sujets » (au lieu de : la *somme*, etc.).

TABLE DES MATIÈRES

QUATRIÈME PARTIE

LE REMÈDE

APPENDICE

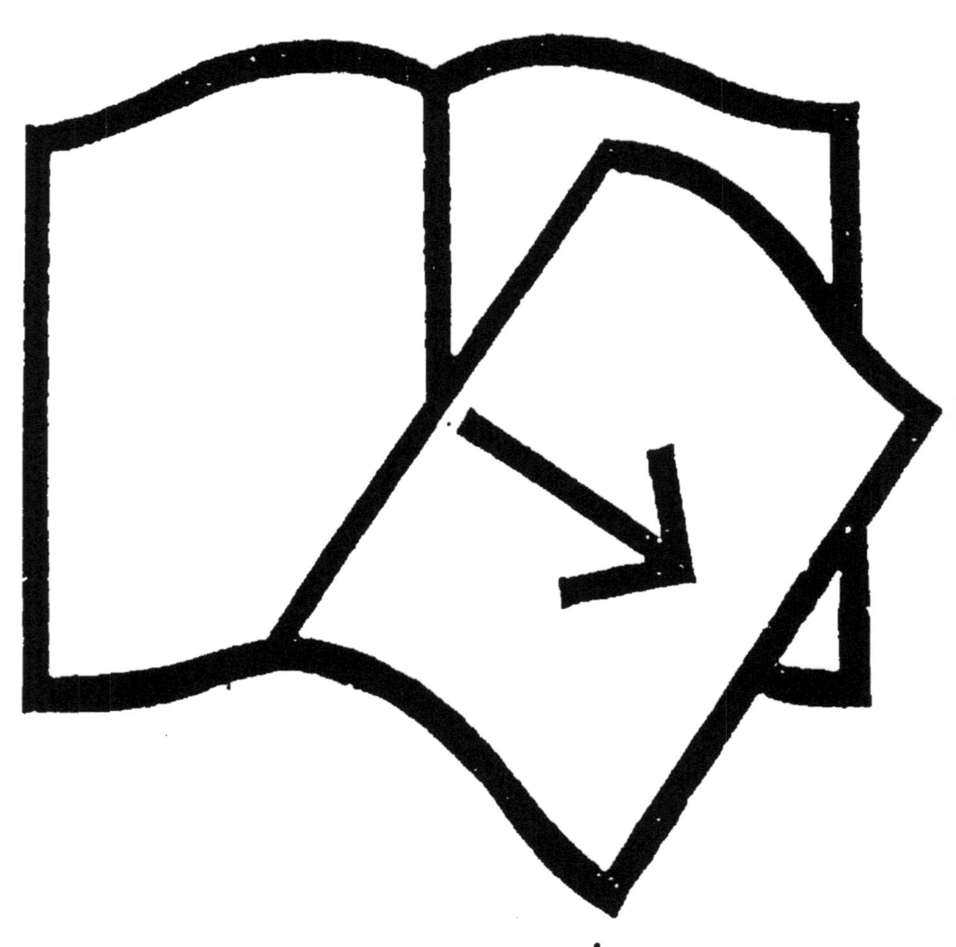

Documents manquants (pages, cahiers...)
NF Z 43-120-13